中等职业教育汽车专业技能课教材

U0649230

Qiche Dingqi Weihu

汽车定期维护

(第2版)

全国交通运输职业教育教学指导委员会
中国汽车维修行业协会 组织编写

陆松波 主 编
胡科迪 副主编

人民交通出版社股份有限公司
北 京

内 容 提 要

本书是中等职业教育汽车专业技能课教材，主要内容为维护作业安全与防护、发动机检查与维护、底盘检查与维护、车身电气检查与维护、空调系统检查与维护，共5个项目，14个学习任务，以及汽车维护作业个性化工单。

本书既可作为中等职业学校汽车专业教材，又可以作为职业技能培训和其他从事相关专业人员的参考书，还可以作为全国职业院校技能大赛中职组汽车机电维修赛项训练参考用书。

图书在版编目(CIP)数据

汽车定期维护/陆松波主编. —2版. —北京：
人民交通出版社股份有限公司,2022.8
ISBN 978-7-114-18058-3

Ⅰ.①汽… Ⅱ.①陆… Ⅲ.①汽车—车辆修理—中等
专业学校—教材 Ⅳ.①U472.4

中国版本图书馆CIP数据核字(2022)第114805号

书　　名：汽车定期维护(第2版)
著　作　者：陆松波
责任编辑：李佳蔚
责任校对：席少楠　刘　璇
责任印制：张　凯
出版发行：人民交通出版社股份有限公司
地　　址：(100011)北京市朝阳区安定门外外馆斜街3号
网　　址：http://www.ccpcl.com.cn
销售电话：(010)59757973
总 经 销：人民交通出版社股份有限公司发行部
经　　销：各地新华书店
印　　刷：北京市密东印刷有限公司
开　　本：787×1092　1/16
印　　张：11.25
字　　数：202千
版　　次：2017年3月　第1版
　　　　　2022年8月　第2版
印　　次：2023年12月　第2版　第2次印刷　总第7次印刷
书　　号：ISBN 978-7-114-18058-3
定　　价：33.00元
(有印刷、装订质量问题的图书,由本公司负责调换)

中等职业教育汽车专业技能课教材
编审委员会

主　　任：王怡民(浙江交通职业技术学院)

副 主 任：刘建平(广州市交通运输职业学校)　　杨经元(云南交通技师学院)

　　　　　赵　琳(北京交通运输职业学院)　　　张京伟(中国汽车维修行业协会)

　　　　　陈文华(浙江交通职业技术学院)　　　王凯明(中国汽车维修行业协会)

特邀专家：朱　军(中国汽车维修行业协会)　　　魏俊强(北京祥龙博瑞汽车服务有限公司)

　　　　　张小鹏(庞贝捷漆油(上海)有限公司)　刘　亮(麦特汽车服务股份有限公司)

委　　员：(按姓氏笔画排序)

毛叔平(上海市南湖职业学校)　　　　　　　王　健(贵阳市交通技工学校)

王彦峰(北京交通运输职业学院)　　　　　　王　强(贵州交通职业技术学院)

占百春(苏州建设交通高等职业技术学校)　　刘新江(四川交通运输职业学校)

刘宣传(广州市公用事业技师学院)　　　　　齐忠志(广州市交通运输职业学校)

吕　琪(成都工业职业技术学院)　　　　　　李　青(四川交通运输职业学校)

李雪婷(成都汽车职业技术学校)　　　　　　李春生(广西交通技师学院)

李文慧(新疆交通职业技术学院)　　　　　　李　晶(武汉市东西湖职业技术学校)

陈　虹(浙江交通技师学院)　　　　　　　　陈文均(贵州省交通运输学校)

陈社会(无锡汽车工程高等职业技术学校)　　张　炜(青岛交通职业学校)

杨永先(广东省交通运输高级技工学校)　　　杨承明(杭州技师学院)

杨建良(苏州建设交通高等职业技术学校)　　杨二杰(四川交通运输职业学校)

陆松波(慈溪市锦堂高级职业中学)　　　　　何向东(广东省清远市职业技术学校)

邵伟军(杭州技师学院)　　　　　　　　　　周志伟(深圳市宝安职业技术学校)

林育彬(宁波市鄞州职业高级中学)　　　　　易建红(武汉市交通学校)

林治平(厦门工商旅游学校)　　　　　　　　胡建富(浙江交通技师学院)

赵俊山(济南理工中等职业学校)　　　　　　荆叶平(上海市交通学校)

郭碧宝(广州市交通技师学院)　　　　　　　姚秀驰(贵阳市交通技工学校)

崔　丽(北京市丰台区职业教育中心学校)　　曾　丹(佛山市顺德区中等专业学校)

蒋红梅(重庆市立信职业教育中心)　　　　　喻　媛(柳州市交通学校)

　　本套由全国交通运输职业教育教学指导委员会、中国汽车维修行业协会组织编写的教材,自2017年3月出版以来,多次重印,被全国多所中等职业学校选为教学用书,受到了广大师生的好评。

　　为了体现职业教育理念,贴近汽车运用与维修专业实际教学目标,促进"教、学、做"更好地结合,突出对学生实践能力的培养,使之成为技能型人才,2020年11月,人民交通出版社股份有限公司吸取教材使用学校的意见和建议,组织相关老师,经过认真研究和充分讨论,确定了修订方案,对本套教材进行了修订。通过教材修订,使教材在结构和内容上与教学内容更加吻合。

　　《汽车定期维护(第2版)》是其中的一本。此次修订内容如下:

　　1. 整体结构重构。在第1版中,全书以车辆顶起位置为逻辑进行编写,这样的编写结构更贴近全国职业院校技能大赛中职组汽车机电维修项目汽车维护赛项的要求。为了更好地兼顾教学与比赛,本次改版对全书整体结构进行了重构,以全车系统为逻辑进行编写。

　　2. 实训车辆变化。因前几年全国职业院校技能大赛中职组汽车机电维修项目比赛所选用的车型及目前中职学校汽车专业保留量比较大的实训用车型为威朗,故本次改版选用了威朗车为实训用车。

　　3. 增加零部件更换作业。第1版中教材内容以检查为主,随着车辆维护中零部件更换作业的增加,在近几年全国职业院校技能大赛中职组汽车机电维修项目汽车维护比赛中也相应增加了更换作业。为了与一线企业岗位和技能大赛相融合,在第2版教材中增加了更换作业。

　　4. 新增个性化工单。在全书最后附录中增加了汽车维护作业个性化工单,一是为全国职业院校技能大赛中职组汽车机电维修项目汽车维护赛项备赛作参考,二是为满足汽车维修企业维护作业一线的实际作业需要。

本书由浙江师范大学博士生、宁波慈溪市锦堂高级职业中学陆松波担任主编，宁波慈溪市锦堂高级职业中学胡科迪担任副主编。参加编写的还有宁波慈溪市锦堂高级职业中学杨同迪、彭伟、俞杰、叶伟立、江柏吟、冯琪锋、韩洪敏、王松波，宁波镇海区职业教育中心学校祁永飞，宁波奉化区职业教育中心学校王旭升、金衍旺、柯长辉，浙江长兴县职业教育中心学校严佩佩，浙江舟山技师学院徐文权，宁波象山县技工学校翁立东，浙江温州市职业中等专业学校陈巨，浙江平阳县职业中等专业学校白佳峰。具体编写分工为：叶伟立、韩洪敏、王松波、严佩佩编写项目一，胡科迪、祁永飞、徐文权、陈巨编写项目二，俞杰、王旭升、翁立东、白佳峰编写项目三，杨同迪、江柏吟、金衍旺编写项目四，彭伟、冯琪锋、柯长辉编写项目五。

限于编者水平，书中难免有不当之处，敬请广大院校师生提出意见和建议，以便再版时完善。

作　者
2022 年 4 月

目录
Contents

项目一　维护作业安全与防护

学习任务1　汽车维护常见安全与防护作业

学习目标

⭐ 知识目标

1. 能说出维护人员安全防护着装穿戴的必要性；
2. 能描述车内外三件套等车辆安全防护设施的作业方法；
3. 能说出举升机控制面板上各按键的作用。

⭐ 技能目标

1. 能规范穿戴安全防护用品；
2. 能规范作业车内外三件套等车辆安全防护设施；
3. 能规范并安全进行举升机作业。

建议课时

2课时

任务描述

维护作业安全防护项目是整个汽车定期维护检查中的重要项目,十分关

键。其他项目的维护作业必须要在做好安全防护的前提下进行。作业内容包括:

(1)维护人员安全防护着装(防护手套、防护眼镜、棉纱布手套、工作服、工作鞋)。

(2)车辆安全保护设施(座椅套、翼子板布、转向盘套、地板垫、车轮挡块、升车垫块、驻车制动器)的作业。

(3)举升机的安全使用。

一 理论知识准备

❶ 工作着装的必要性

在维护作业时,规范的着装可以起到安全防护作用,同时得体的着装和良好的仪表仪态,又能给人带来自信和专业自豪感。在汽车维修车间里,严谨的工作秩序、整洁的职业着装会赢得客户的信赖,也会使客户受到专业气氛的感染。

❷ 在使用空调诊断仪和检漏时应符合的条件

在使用空调诊断仪和检漏时应符合以下条件:

(1)作业场地应通风良好。

(2)作业场地禁止明火。

(3)作业时,维护人员应配备必要的安全防护用品,如防护手套和防护眼镜等,避免接触或吸入制冷剂和冷冻机油的蒸气及气雾。

❸ 车内三件套

车内三件套为座椅套、地板垫、转向盘套。

❹ 车外三件套

车外三件套为左、右翼子板布和前格栅布。

❺ 车轮挡块的作用

车轮挡块的作用是防止车辆由于误操作而产生移动造成的危害。

❻ 举升机的种类

举升机的种类有单柱式举升机、双柱式举升机、四柱式举升机、剪式举升机和地沟式举升机等。

7 **剪式举升机控制面板的组成和各按键的作用**

剪式举升机控制面板的组成有电源开关、上升键、下降键、保险键以及紧急锁止键。电源开关的作用是确保设备能正常工作;上升键、下降键的作用是根据需要调整合适的位置;保险键的作用是确保在安全情况下进行操作;紧急锁止键的作用是在作业时防止误操作。

二　任务实施

1 **准备工作**

(1)将实训车辆平稳停放在实训区域。

(2)检查实训室的通风及防火系统设备工作是否正常。

(3)准备车内三件套、举升机、翼子板布和前格栅布、车轮挡块、升车垫块、工作服、工作鞋、防护手套和防护眼镜等教学用具。

2 **技术要求与注意事项**

(1)在操作开始前,工作服及工作鞋的穿着要规范,禁止佩戴相关饰物进行作业。

(2)不得随意操作举升机开关,同时车辆举升时升车垫块安放要标准。上升下降要平衡,下降时注意周边环境。安全齿锁住后,方可进入车底作业。

(3)座椅套、转向盘套极易损坏,在安装时不能用力过大。翼子板布、前格栅布的挂钩切不可安装在发动机舱内的任何管路上。

(4)对车辆进行操作前,需先将挡位挂入 P 挡,后拉起驻车制动器,再进行车轮挡块及车内三件套的安装。

3 **操作步骤**

1)个人防护

(1)工作服及工作鞋。

穿着要得体,禁止在操作时佩戴相关饰物,纽扣及金属物品禁止裸露在外面。图 1-1 所示为工作着装。

(2)防护手套和防护眼镜。

在使用空调诊断仪和检漏时,维护人员应佩戴防护手套和防护眼镜。图 1-2 所示为佩戴防护手套和眼镜。

2)车辆防护

(1)安放车轮挡块。

安放车轮挡块主要是防止误操作影响车辆移动,而造成事故。车轮挡块安放在前后轮处均可,要求是不影响车辆的举升和保证车辆不会移动。图1-3 所示为安放车轮挡块。

注意:安放挡块时紧贴轮胎外边缘。

图1-1   工作着装

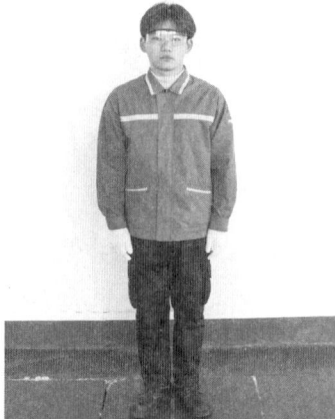

图1-2   佩戴防护手套和眼镜

(2)安装尾气管(举升车辆时撤离回收)。

调整好尾气管的位置,从吊钩处取下尾气管,用双手将尾气管插入到车辆的排气管中。图1-4 所示为安装尾气管。

注意:尾气管的头部这里有夹箍,插入尾气管需用力插到底,在拿时要小心,防止手划伤。

图1-3   安放车轮挡块

图1-4   安装尾气管

(3)拉起驻车制动器,并将变速器操纵杆置于 P 挡。

①打开车门,插入钥匙,拉起驻车制动器,如图1-5 所示。

②将变速器操纵杆置于 P 挡以确认安全。图1-6 所示为将变速器操纵杆置于 P 挡。

注意:将钥匙插入点火开关,要注意钥匙与孔对准,不要将钥匙插到转向盘边上,以免划伤其表面。

图1-5　拉起驻车制动器

图1-6　将变速器操纵杆置于P挡

（4）安装车内三件套。

①安装地板垫。

将地板垫铺设在转向盘下的地板上，要求有字面朝上。图1-7所示为安装地板垫。

注意：铺设地板垫的目的主要是便于清除维修人员带入驾驶室内的脏物与杂物，保持驾驶室内的清洁。

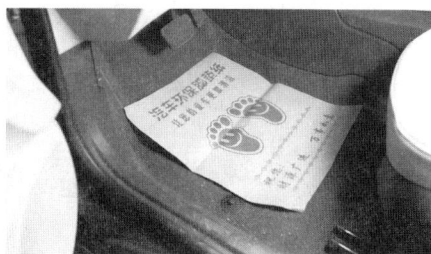

图1-7　安装地板垫

②安装座椅套。

双手捏住座椅套的边角，从座椅头部开始把座椅套按从上到下的顺序装进，然后用座椅套的末端将座椅完全保护起来。根据座椅的形状将座椅套下端完整套进。图1-8所示为安装座椅套。

注意：座椅套由薄塑料制成，极易破损，所以在安装座椅套时，用力要均匀，拉齐端面后套装，避免因用力过大、端面不齐，导致座椅套损坏。

③安装转向盘套。

先安装转向盘的上端，然后把整个转向盘套入保护套中。图1-9所示为安装转向盘套。

注意：转向盘套由薄塑料制成，极易破损。安装转向盘时不要硬拉，否则，会造成转向盘套的损坏。

图1-8　安装座椅套

图1-9　安装转向盘套

（5）打开发动机舱盖。

①首先用右手用力拉起位于转向盘左下侧的发动机舱盖释放杆，使发动机舱盖弹开。图1-10所示为拉起发动机舱盖释放杆。

注意：只要听到"嗒"的一声就表示发动机舱盖已经打开。

②然后拨开发动机舱盖锁拉手，将发动机舱盖掀起来。图1-11所示为掀起发动机舱盖。

注意：发动机舱盖锁位于发动机舱盖中间位置，轻轻往上一拨即可。

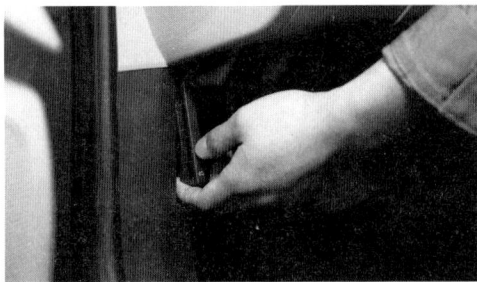

图1-10 拉起发动机舱盖释放杆

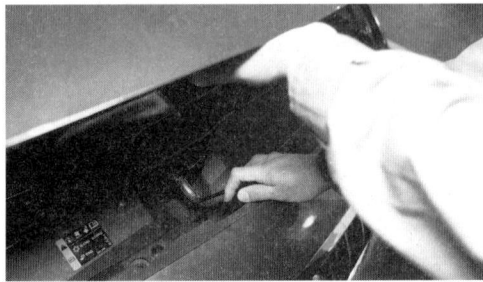

图1-11 掀起发动机舱盖

③一只手固定住发动机舱盖，另一只手用撑杆把发动机舱盖撑起来。图1-12所示为支撑发动机舱盖。

（6）安装翼子板布和前格栅布。

①安装翼子板布。

要将翼子板布安装牢固，保证磁铁与车身吸住牢固，防止掉落。图1-13所示为安装翼子板布。

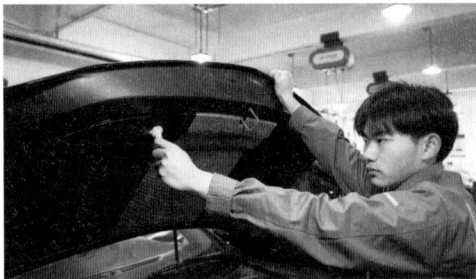

图1-12 支撑发动机舱盖

注意：翼子板布的下沿有一个半圆形的车轮槽，以防车轮盖住，影响车轮检查。

②安装前格栅布。

在安装过程中要将前格栅布安装牢固，保证挂钩与车身连接牢固，防止前格栅布掉落。图1-14所示为安装前格栅布。

注意：有的前格栅布和翼子板布有挂钩可以相互钩住，切不可把挂钩钩在制冷系统的高低压管路上。

3）举升机操作

（1）安放升车垫块。

检查车辆停放位置是否适合举升，如果不适合则调整位置。在车身的规定位置安放四个升车垫块。图1-15所示为安放升车垫块。

注意： 规定位置即车身下方的凸起位置或专用顶车点。

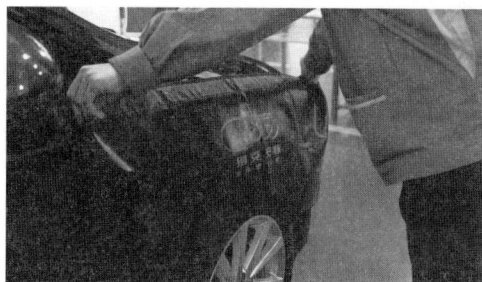

图1-13　安装翼子板布

图1-14　安装前格栅布

（2）举升车辆。

检查车辆周围有无障碍物，确认安全以后打开举升机电源开关，按举升机"上升"按钮，当升车垫块快要与顶起位置接触时，停止举升。图1-16所示为打开举升机电源开关，图1-17所示为按"上升"按钮。

图1-15　安放升车垫块

注意： 举升机按钮必须长按。

图1-16　打开举升机电源开关

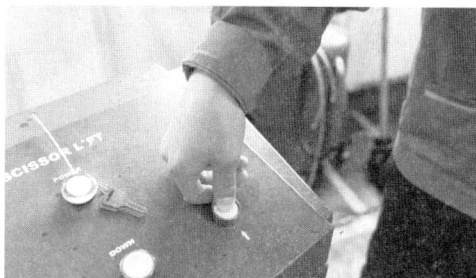

图1-17　按"上升"按钮

（3）调整升车垫块。

重新检查升车垫块安装位置是否与规定的顶起位置对齐，若没对齐则调整。检查四个垫块的高度是否一致，若不一致则调整。图1-18所示为调整升车垫块。

注意： 若发现四个垫块高度不一致或者没对齐顶起位置，则必须重新调整，否则有可能影响安全。

（4）二次举升车辆。

继续按举升机"上升"按钮，开始举升车辆。当车辆举到离地10cm的时候可以停止举升。图 1-19 所示为举升车辆至离地 10cm。

注意：此时举升不可离地过高，以免发生危险。

图 1-18　调整升车垫块

图 1-19　举升车辆至离地 10cm

(5)检查升车安全。

分别在车辆的前后方中间位置用双手按压车辆，然后迅速离开车辆，检查车辆是否有振动或有声音，如果此时有声音则必须降下来重新进行调整。图 1-20 所示为按压车辆前部，图 1-21 所示为按压车辆后部。

注意：向下压的时候，不要用力过大，以防止车身被压变形。

图 1-20　按压车辆前部

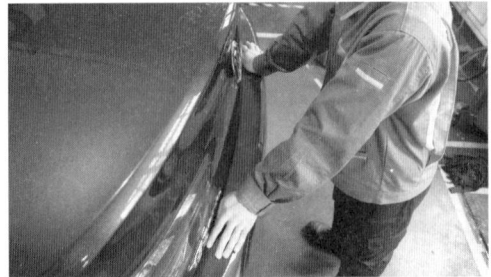

图 1-21　按压车辆后部

图 1-22　移除车轮挡块

(6)移除车轮挡块。

用双手将车辆左右两侧的车轮挡块拆除并放置在合适位置。图 1-22 所示为移除车轮挡块。

(7)安全落锁。

继续举升车辆直到合适位置停住，按住"保险锁"按钮，使车辆缓慢下降，待车辆平稳后检查举升机的齿条是否完全啮合到位，以确认安全。图 1-23 所示为举升车辆至合适位置，图 1-24 所示为按住"保险锁"按钮。

注意：举升高度到达过人头顶 10cm 时可以停止举升。

图 1-23　举升车辆至合适位置

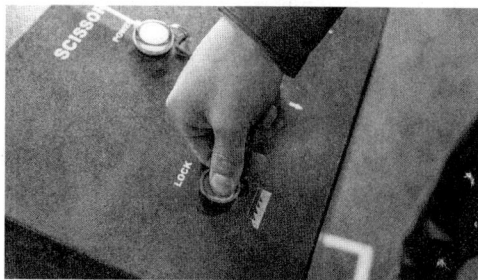

图 1-24　按住"保险锁"按钮

（8）下降车辆。

检查车辆周围有无障碍物，确认安全以后按举升机"下降"按钮，车辆先缓慢上升再下降，将车辆的位置降至低位（轮胎触及地面）。图 1-25 所示为下降车辆至低位。

图 1-25　下降车辆至低位

注意：举升机下降按钮必须长按，要观察举升机的齿条是否能够脱离，以确认平稳下降。

三　学习拓展

数字式万用表可用来测量直流和交流电压、直流和交流电流、电阻、电容、电感、频率，进行电池、二极管、三极管及连续性测试，并具有自动断电功能，是一种性能优越的工具仪表，是实验室、工厂、学校及电子爱好者的必备首选，但在使用时要注意以下几点基本注意事项：

（1）测量前，应校对量程开关位置及两表笔所插的插孔，无误后再进行测量。

（2）测量前若无法估计被测量大小，应先用最高量程测量，再视测量结果选择合适的量程。仪表在测试时，不能旋转功能转换开关，特别是测量高电压和大电流时，以防止产生电弧，烧毁开关触点。

（3）不要在电流挡、电阻挡、二极管挡和蜂鸣器挡测量电压。

（4）使用万用表电阻挡检查元件好坏或在线路中测量元件阻值时，不允许电路中带电，因为万用表电阻挡是使用万用表内部电池工作的。如果电路中带电，不仅容易损坏万用表内部电池，还会影响测量准确性。此外，如果万用表电阻挡加有保险，还容易损坏电阻挡等效电阻。

（5）当屏幕出现电池符号时，说明电量不足，应更换电池。在每次测量结束后，应把仪表关掉。无论使用或存放万用表，均严禁受潮和进水。

四 技能考核标准

技能考核标准表见表 1-1。

技能考核标准表 表 1-1

序号	作业内容	评分标准	配分	得分
1	穿戴工作服及工作鞋	着装穿戴不整齐扣2分,金属物裸露扣5分,未穿工作鞋、工作服扣5分	5分	
2	实施驻车制动	驻车制动挡位错误扣5分,驻车制动器未拉起扣5分	5分	
3	举升机操作	举升机在使用前未确认周围安全情况扣5分,操作错误扣5分	10分	
4	安装地板垫	地板垫方向位置装错扣5分,未安装扣10分	10分	
5	安装座椅套	铺放不到位、未盖满扣2分,撕裂扣5分,未装扣10分	10分	
6	安装转向盘套	转向盘套不到位扣2分,撕裂扣5分,未装扣10分	10分	
7	安装翼子板布	动作位置正确,安放可靠,不影响作业,否则扣5分(左5分,右5分)	10分	
8	安装前格栅布	动作位置正确,安放可靠,不影响作业,否则扣5分	5分	
9	安放车轮挡块	任意轮前和轮后,要求必须和车轮外边缘平齐,不允许超过车轮,否则扣5分;如有其中一个挡块未安装扣5分	5分	
10	安放升车垫块	任意垫块必须在车身下方的凸起位置或专用顶车点位置,否则扣5分;如有位置不正确未作调整继续操作,本项不得分	10分	

续上表

序号	作业内容	评分标准	配分	得分
11	安装尾气管	未双手安装扣 2 分,尾气管掉落扣 2 分,未安装扣 5 分	5 分	
12	设备、人员安全隐患	轻微隐患:防护设施每次掉落扣 5 分; 严重隐患:车辆损坏扣 10 分,人员受伤扣 10 分	10 分	
13	7S 作业	工具场地设备 7S 作业	5 分	
总分			100 分	

项目二 发动机检查与维护

机油和机油滤清器的检查与更换

学习目标

⭐ 知识目标

1. 能说出更换发动机机油和机油滤清器的必要性；
2. 能描述发动机机油的检查方法；
3. 能描述发动机机油和机油滤清器的更换方法。

⭐ 技能目标

1. 能判断发动机机油是否需要更换；
2. 能正确并规范检查发动机机油；
3. 能规范地更换发动机机油和机油滤清器。

建议课时

6课时

任务描述

此任务是汽车定期维护中发动机维护项目之一。由于发动机机油受使用时间和使用条件的影响，机油性能和数量都会降低和减少，甚至会出现机油泄漏或渗漏现象。如不定期检查或更换机油,将会加速发动机的磨损,降低发动机的使用寿命,甚至会造成拉缸、连杆断裂的事故。因此,通过实施定期维护,确保发动机正常运行,让顾客满意和放心。

此任务的内容包括:

(1)发动机机油的检查;

(2)发动机机油的更换;

(3)发动机机油滤清器的更换;

(4)机油液位和泄漏复检。

一　理论知识准备

❶ 发动机机油的作用

发动机机油具有润滑功能、清洁功能、密封功能、防锈功能和冷却功能。

❷ 更换发动机机油的重要性

发动机机油由于去除了发动机中的污垢和油污而会变脏,经长时间使用后就会出现变黑、变质,甚至即使没有使用也会变质。如果不更换发动机机油,会导致油品下降,损坏发动机。

❸ 机油滤清器的作用

发动机机油滤清器的作用是清除机油中的碳、油污和金属颗粒。

❹ 更换机油滤清器的重要性

如果发动机机油滤清器由于没有更换而阻塞,机油就不能流过机油滤清器,当释放阀开启,脏的机油将被送入发动机。

❺ 发动机机油消耗的原因

在正常情况下,小部分发动机机油会随燃油燃烧而被逐渐消耗。

❻ 发动机机油的更换周期

一般根据行驶里程或时间更换机油。汽油车每行驶 10000km 或一年更换一次,柴油车每行驶 5000km 或 6 个月更换一次。更换间隔期随车型和使用状况的不同而不同。

二　任务实施

❶ 准备工作

(1)将实训车辆平稳停放在实训区域。

（2）检查实训室的通风及防火系统设备工作是否正常。

（3）准备预调式扭力扳手、棘轮扳手、机油滤清器拆装专用工具和机油收集器等教学用具。

❷ 技术要求与注意事项

（1）在操作开始前，工作服及工作鞋的穿着要规范，禁止佩戴相关饰物进行作业。

（2）不得随意操作举升机开关，同时车辆举升时升车垫块安放要标准。上升下降要平衡，下降时注意周边环境。安全齿锁住后，方可进入车底作业。

（3）检查泄漏时，如发现有油液迹，应用纱布擦除后，过一段时间再确认是否存在泄漏现象。

（4）油底壳放油螺栓标准力矩为 $25N \cdot m$。

（5）机油加注量为4L。

❸ 操作步骤

1）安全防护

安全防护请参考项目一的工作内容。

2）检查机油液位

（1）从工具车中取出一块抹布，拔出机油尺，同时将机油尺擦干净，做好检查的准备。图2-1所示为清洁机油尺。

（2）将擦干净的机油尺再次插入机油导管中。

注意：将机油尺插入机油导管中时一定要注意放到底，否则，有可能导致机油液位过低的误测。

（3）拔出机油尺，检查发动机的机油是否在两刻度线中间，确认机油液位正常。图2-2所示为机油液位检查。

注意：检查发动机机油液位，标准液位在上下刻度线中间偏上位置，其他检查主要是目测其色泽和黏度。

图2-1　清洁机油尺

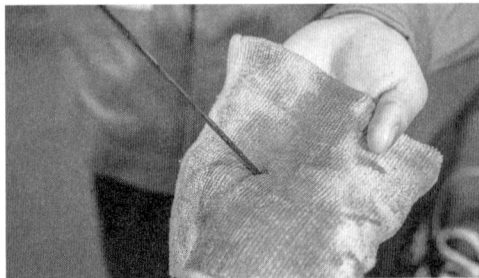

图2-2　机油液位检查

（4）检查完后再次将机油尺插回发动机中。

注意：将机油尺插入机油导管中时一定要注意放到底。

3）拆下机油加注口盖

拉起发动机舱盖释放杆，打开发动机舱盖，逆时针拧松机油加注口盖，并把拆下后的盖子放在加注口上或放置在其他安全位置。图 2-3 所示为拧下机油加注口盖。

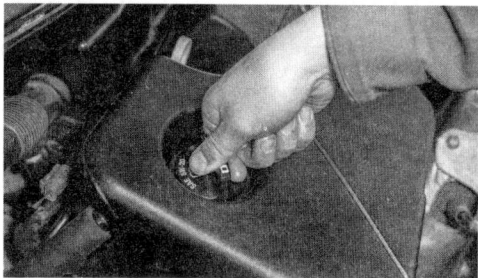
图 2-3　拧下机油加注口盖

注意：若加注口上不放盖子，应该放抹布遮挡。

4）车辆举升工作

车辆举升工作请参考项目一的工作内容。

5）检查机油滤清器及油底壳放油螺栓有无漏油

用手去触摸机油滤清器接合处和放油螺栓处，检查是否有漏油的现象。如果出现漏油的现象，可以先用纱布把漏油表面擦干净，过一段时间再检查确认是否漏油。图 2-4 所示为机油滤清器接合处漏油检查，图 2-5 所示为放油螺栓漏油检查。

注意：若机油滤清器或放油螺栓存在漏油现象，则需要进一步检查与维修。

图 2-4　机油滤清器接合处漏油检查

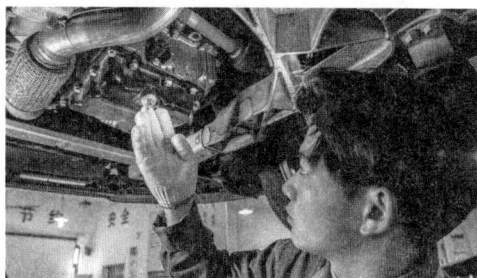
图 2-5　放油螺栓漏油检查

6）准备机油收集器

（1）学员走到放置机油收集器的地方，准备推收集器。图 2-6 所示为准备机油收集器。

注意：双手必须放在油桶的手柄处。

（2）先旋松收集器上的锁止螺母，将收集器调整到合适的高度后，旋紧锁止螺母。图 2-7 所示为调节收集器高度。

注意：根据车辆顶起的高度不同，也可做适当的调整。

图2-6　准备机油收集器

图2-7　调节收集器高度

（3）打开油桶的进油阀门，以便机油能够流到油桶里。图2-8所示为打开进油阀门。

注意：阀门的开关如果垂直于油管，则处于关闭状态；阀门的开关如果平行于油管，则处于打开状态。

（4）打开空气阀门，关闭出油阀门。图2-9所示为打开空气阀门。

注意：空气阀门处于关闭状态时，机油从上面进来，而桶里面的空气就无法出去，就会影响机油的流速并且还会发出声音。相反，空气阀门处于打开状态时，多余的空气就会被放出来，使机油能够正常流入油桶中。关闭出油阀是为了防止机油从出油阀中流出。

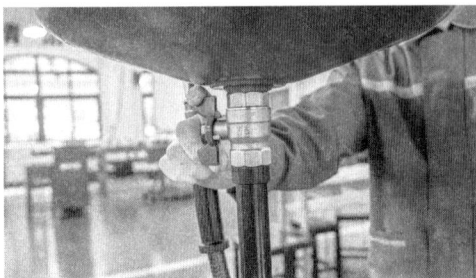

图2-8　打开进油阀门

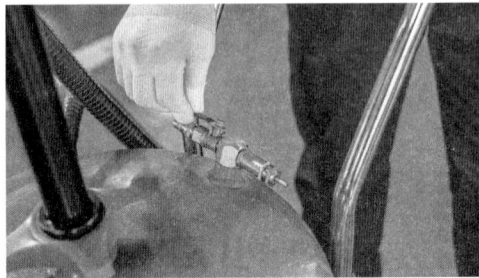

图2-9　打开空气阀门

（5）将机油收集器推至发动机油底壳的正下方，如图2-10所示。

注意：机油收集器的位置，要在油底壳放油螺栓稍稍后面一点，以防止刚放油的时候，油的压力过大而流出油桶。

图2-10　将机油收集器推至油底壳正下方

7）排放发动机机油

（1）从工具车中拿来一把棘轮扳手（中）和T45套筒并装好，然后拧松放油螺塞。图 2-11 所示为拧松放油螺栓。

注意：拧松放油螺栓之前,应先检查工具的旋向。在拧松放油螺栓时必须一次性均匀用力拧松,不能用力冲击。

(2)一只手拿一块抹布,另一只手旋出放油螺栓。图 2-12 所示为拧出放油螺栓。

注意：

①在举升车辆之前,先要确定机油盖已经打开。

②在旋出放油螺栓的过程中,要用力顶住放油螺栓,当完全松掉的时候,要迅速将放油螺栓从油底壳中拿出来。

③在操作过程中,如果手碰到机油,必须马上用布擦干净。

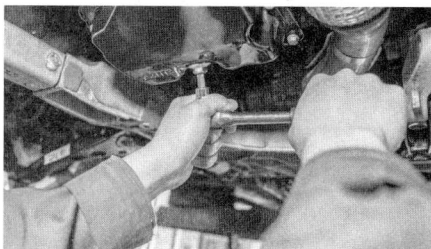

图 2-11　拧松放油螺栓

图 2-12　拧出放油螺栓

8)预松机油滤清器

(1)从工具车上拿来指针式扭力扳手、短接杆和机油滤清器拆装专用工具并装好,然后将机油滤清器预松。图 2-13 所示为预松机油滤清器。

注意：预松的时候要注意方向。另外,在预松时要均匀用力,以免损坏机油滤清器。不同的车型使用的工具也不同。

(2)一只手拿一块抹布,另一只手旋松机油滤清器。图 2-14 所示为旋松机油滤清器。

注意：用手旋松时不要完全拧出,见有机油流出后再停止旋松。抹布的作用是清洁手,同时防止机油滴落到地面上。

图 2-13　预松机油滤清器

图 2-14　旋松机油滤清器

9)准备更换件和机油

（1）从工具车中拿出预先准备好的新的机油滤清器和密封件。图2-15所示为新机油滤清器和密封件。

注意：新的滤清器和密封件都需要检查。

（2）从工具车上拿出一桶机油，然后将机油桶盖打开。图2-16所示为打开新机油。

注意：打开机油桶的目的是取出机油进行润滑操作。

图2-15　新机油滤清器和密封件　　　　图2-16　打开新机油

10)润滑密封件

从工具车上拿来刚才已经准备好的新的机油滤清器和密封件，然后用手指伸进机油桶中沾一点机油，再把机油均匀地涂抹在密封件表面上，并将机油桶盖盖上。图2-17所示为润滑密封件。

注意：在涂机油时一定要确保均匀。涂好后马上用抹布将手擦干净。

11)取下机油滤清器(待机油流速成液滴状态后)

一只手拿一块抹布，另一只手旋出机油滤清器。图2-18所示为取下机油滤清器。

注意：抹布的作用是接机油滤清器上的机油，同时防止机油滴落到地面上。

图2-17　润滑密封件　　　　图2-18　取下机油滤清器

12)安装机油滤清器

（1）从工具车上拿一块抹布，清洁安装表面，如图2-19所示。

（2）安装机油滤清器并用手旋紧。图2-20所示为安装机油滤清器。

注意：在用手旋时不要旋得很紧，只要使机油滤清器与其安装支座接触有点阻力即可。

图2-19　清洁安装表面　　　　　　图2-20　安装机油滤清器

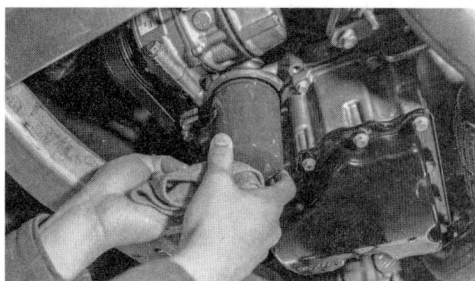

13）紧固机油滤清器

从工具车上取来棘轮扳手，安装短接杆和机油滤清器拆装专用工具，然后紧固机油滤清器并清洁安装表面。图2-21所示为紧固机油滤清器。

注意：当衬垫接触到滤清器安装凸缘上的密封面后，将机油滤清器紧固3/4～1圈。

14）更换放油螺栓密封圈

取下旧密封圈，用少量机油涂抹在新密封圈上，然后安装在放油螺栓上。图2-22所示为更换放油螺栓密封圈。

注意：在更换密封圈时，要检查新密封圈的好坏。

图2-21　紧固机油滤清器　　　　　　图2-22　更换放油螺栓密封圈

15）安装放油螺栓（待机油流速成液滴状态后）

（1）先将放油螺栓安装在螺栓孔上，然后用手旋紧，再用抹布擦一下放油螺栓表面。图2-23所示为安装放油螺栓。

（2）从工具车拿一把扭力扳手（10～100N·m），将力矩调至25N·m，装上

T45 套筒。用扭力扳手把放油螺栓紧固到规定的力矩并清洁放油螺栓表面。图 2-24 所示为紧固放油螺栓。

注意：紧固放油螺栓前,要确认扭力扳手的旋向。

图 2-23　安装放油螺栓　　　　　　　　图 2-24　紧固放油螺栓

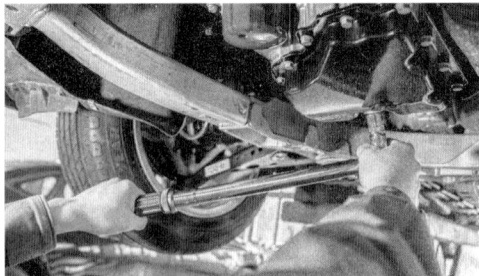

16) 下降车辆

下降车辆请参考项目一的工作内容。

17) 加注机油

首先在机油加注口旁放一块抹布,然后将机油加注口盖取下并倒置在工具车上,再将机油桶口对准发动机的机油加注口进行加注,加注至规定加注量时,停止加油。图 2-25 所示为加注机油。

注意：倒机油的过程中,机油桶要倾斜并适当调整角度,要让油桶的手柄处悬空通大气,以防止倒机油时产生气泡。

18) 检查机油液位

机油液位的检查请参考本任务步骤 2 的内容。

19) 安装机油加注口盖

从工具车上拿来机油加注口盖,用手将机油加注口盖旋紧,然后再用抹布将其擦干净。图 2-26 所示为清洁机油加注口盖。

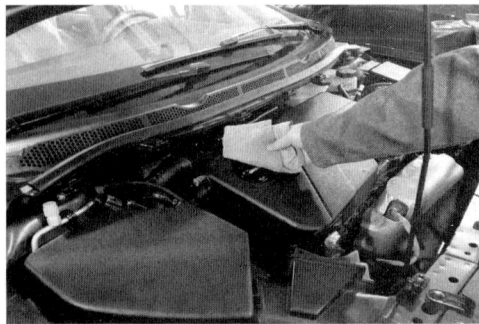

图 2-25　加注机油　　　　　　　　图 2-26　清洁机油加注口盖

20）安装尾气管（举升车辆时撤离回收）

安装尾气管请参考项目一的工作内容。

21）起动发动机

保持发动机怠速运转 3～5min，再关闭发动机并收回排气管。

22）复检并整理工位

再次检查机油滤清器及油底壳放油螺栓有无漏油，并进行工位的 7S 作业。图 2-27 所示为复检作业。

图 2-27　复检作业

三　学习拓展

（1）机油级别。API 发动机油分为两类："S"开头系列代表汽油发动机用油，规格有 API SA、SB、SC、SD、SE、SF、SG、SH、SJ、SL、SM、SN。"C"开头系列代表柴油发动机用油，规格有 API CA、CB、CC、CD、CE、CF、CF-2、CF-4、CG-4、CH-4、CI-4。当"S"和"C"两个字母同时存在，则表示此机油为汽柴通用型。在 S 或 C 后面的字母表示的意义是：从 SA 一直到 SN，每递增一个字母，机油的性能都会优于前一种，机油中会有更多用来保护发动机的添加剂。字母越靠后，质量等级越高，国际品牌中机油级别多是 SF 级别以上的。例如，壳牌非凡喜力（Shell Helix Plus）是 API SM 级，而壳牌红色喜力机油（Shell Helix Red Motor Oil）则是 API SG 级，这说明非凡喜力的质量等级要高于红喜力。

（2）机油型号。汽车机油的具体分类为夏季用油 4 种、冬季用油 6 种、冬夏通用油 16 种。其中，夏季用油牌号分别为 20、30、40、50，数字越大其黏度越大，适用的最高气温越高；而冬季用油牌号分别为 0W、5W、10W、15W、20W、25W，符号 W 代表冬季 Winter（冬天），"W"前的数字越小，低温黏度越小，低温流动性越好，适用的最低气温越低；冬夏通用油牌号分别为：5W-20、5W-30、5W-40、5W-50、10W-20、10W-30、10W-40、10W-50、15W-20、15W-30、15W-40、15W-50、20W-20、20W-30、20W-40、20W-50，代表冬用部分的数字越小，代表夏季部分的数字越大者，其黏度越高，适用的气温范围越大。

四　技能考核标准

技能考核标准表见表 2-1。

技能考核标准表　　　　　　　表 2-1

序号	作业内容	评分标准	配分	得分
1	安全防护	车辆维护作业安全与维护	5分	
2	检查机油液位	检查方法不正确扣5分	5分	
3	拆下机油加注口盖	未拆下机油加注口盖扣5分，拆下后未做防护措施扣5分，摆放不规范扣2分	5分	
4	准备机油收集器	未检查机油收集器液面及各阀门扣5分	5分	
5	排放发动机机油	未正确选用工具扣5分，油落在地面上扣5分	10分	
6	更换新密封件	未更换扣5分，未涂抹机油扣5分	10分	
7	安装放油螺栓	安装时机不合理扣5分，未正确使用工具扣5分，力矩不正确扣5分，未清洁扣5分	10分	
8	安装机油滤清器	安装时机不合理扣5分，未正确使用工具扣5分，紧固不符合要求扣5分，未清洁扣5分	10分	
9	加注机油	加注量不符合规定扣5分，未防护或未清洁扣5分	10分	
10	机油液位、泄漏复检	机油液位检查方法不正确扣5分，未查泄漏扣5分	10分	
11	设备、人员安全隐患	轻微隐患：工具、设施掉落每次扣5分；严重隐患：有大量机油洒落等严重事故出现扣10分，人员受伤扣10分	15分	
12	7S作业	工具场地设备7S作业	5分	
总分			100分	

学习任务3 冷却液的检查与更换

学习目标

⭐ 知识目标

1. 能说出冷却系统的作用、组成和工作原理;
2. 能说出检查与更换冷却液的作用与意义。

⭐ 技能目标

1. 能对冷却液、冷却系统的泄漏情况进行熟练的检查;
2. 能单独完成发动机冷却液的更换。

建议课时

6 课时

任务描述

汽车发动机冷却液的检查与更换一般为每两年或每行驶 40000km 一次,不同的厂家对冷却液的更换周期会有所差异。

汽车发动机冷却液检查与更换项目的内容包括:

(1)冷却液的检查(冷却液液位的检查、冷却液冰点的检查、冷却系统的泄漏情况的检查、冷却系统管路和夹箍的检查、散热器的检查)。

(2)冷却液的更换(车辆的举升、冷却液的排放、冷却液的加注、冷却液的检查)。

本任务中,冷却液的检查项目是为冷却液的更换项目服务的。因此,本任务的关键点在于冷却液的更换。

■ 一 理论知识准备

(1)汽车发动机冷却系统的主要功用是把受热零件吸收的部分热量及时散发

出去,保证发动机在最适宜的温度状态下工作。温度太低,则发动机热效率低、能量浪费大,同时也会导致发动机磨损增加;温度太高则可能引起可燃混合气自燃,影响发动机的正常工作,同时促使零部件承受额外的冲击负荷而造成早期损坏。

(2)冷却液的检查主要是检查冷却系统中是否存在泄漏情况、冷却管路有无破损、冷却液有无变质等,确保冷却系统能够正常工作。

(3)根据汽车行驶里程或发动机的工作时间,要定期更换发动机冷却液。因为难以通过目视来判断冷却液的变质程度,所以如果冷却液变质,其内在防锈品质降低,会对散热器、管路、软管等造成损害。

二 任务实施

(一)准备工作

(1)将实训车辆平稳停放在实训区域。

(2)检查实训室的通风及防火系统设备工作是否正常。

(3)准备车内三件套、车轮挡块等教学用具。

(二)技术要求与注意事项

(1)在操作开始前,检查好所有的设备并准备好工具。

(2)在有压力的冷却系统中,散热器内的冷却液温度比大气压力下冷却液的沸点高很多。当冷却系统未冷却且处在高压状态时,拆下储液罐盖或散热器盖将导致冷却液瞬间沸腾,并产生爆炸性力量。这将导致冷却液喷射到发动机、翼子板和拆下盖子的人员身上,可能造成严重的人身伤害。

(3)使用通用的防冻混合液,并确保水和防冻液的比例为1:1。防冻液不仅能防止冷却系统冻结,还能防止所有与冷却液接触的部件锈蚀和产生水垢沉淀物。

(4)除防冻剂外,水质也起着重要的作用。饮用自来水通常能满足该要求,再生海水通常不适用。如果使用未经批准的防冻液,则可能会损坏发动机。

(5)如果已更换散热器、汽缸盖或汽缸盖密封件,则不能再使用旧的冷却液。

(三)操作步骤

❶ 冷却液的检查

1)检查发动机冷却液液位

检查冷却液液位,标准位置应在上下刻度线中间,实训车辆冷却液呈红色。

图 3-1 所示为冷却液液位检查。

注意:发动机冷却液检查是为了确保有足够的冷却液,以保证发动机能够正常运转。如果冷却液不足,则应立即补充,防止发动机运转时不能冷却,造成严重后果。

2)测量发动机冷却液冰点

(1)右手用力逆时针拧开冷却液储液罐盖。图 3-2 所示为拧开冷却液储液罐盖。

图 3-1　冷却液液位检查

注意:拧开储液罐盖时一定要小心防止冷却液喷出,最好用布包住。

(2)取出冰点仪,用校零水对冰点仪进行校零操作。图 3-3 所示为冰点仪校零。

注意:校零以前必须先清洁冰点仪。若冰点仪校零有误差,则必须先调整冰点仪或直接更换冰点仪。

图 3-2　拧开冷却液储液罐盖

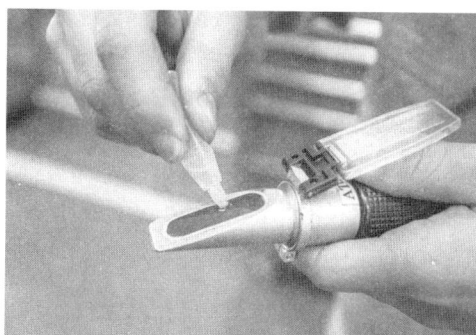

图 3-3　冰点仪校零

(3)用滴管从冷却液储液罐吸取少量冷却液,取 1～2 滴冷却液用来检查其冰点,把其余冷却液倒回冷却液储液罐中。图 3-4 所示为吸取冷却液。

(4)再次清洁冰点仪,把冷却液滴在冰点仪测量面上,检查其冰点。图 3-5 所示为检查冷却液冰点。

图 3-4　吸取冷却液

图 3-5　检查冷却液冰点

3)检查冷却系统管路

(1)检查冷却系统的管路是否有泄漏。冷却系统的各条管路都必须仔细检查,如果发动机刚运行结束,应防止手烫伤,待发动机温度降下来后进行检查。图3-6和图3-7所示为检查冷却系统管路是否泄漏。

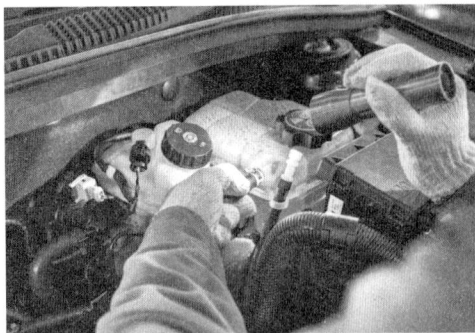

图3-6 检查冷却系统管路 是否泄漏(一)

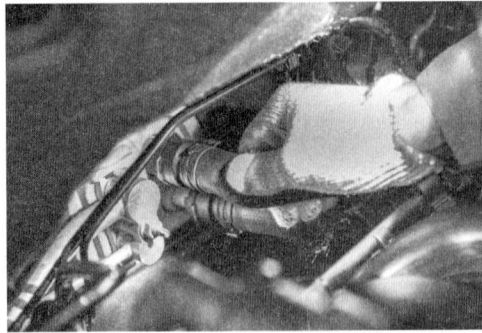

图3-7 检查冷却系统管路是否泄漏(二)

(2)检查冷却系统管路夹箍。检查冷却系统各软管夹箍是否失效、锈蚀或有其他损坏,在检查过程中应认真、仔细,对冷却系统的每个软管夹箍都要进行逐个检查。图3-8和图3-9所示为检查冷却系统管路夹箍。

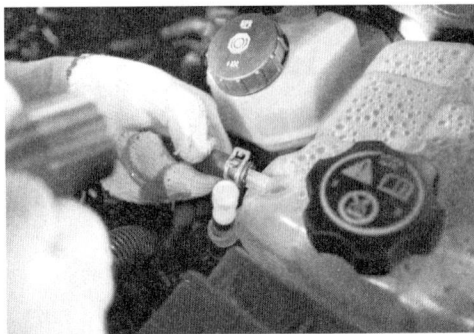

图3-8 检查冷却系统管路夹箍(一)

图3-9 检查冷却系统管路夹箍(二)

(3)检查冷却系统管路安装情况。检查冷却系统软管的连接处是否存在松动或安装不牢固的地方,尤其是各个管路的连接处,在检查时要注意不要用力过大,导致软管松动或破裂。图3-10和图3-11所示为检查冷却系统管路安装情况。

(4)检查冷却系统管路是否有异样。检查冷却系统的软管是否有裂纹、扭曲、凸起、磨损或其他损坏。图3-12和图3-13所示为检查冷却系统管路是否有异样。

4)检查散热器

(1)检查车辆未顶起时散热器有无脏污、变形、泄漏或其他损坏,检查与散热器连接的软管是否有泄漏或其他损坏。图3-14和图3-15所示为车辆未顶起前检查散热器。

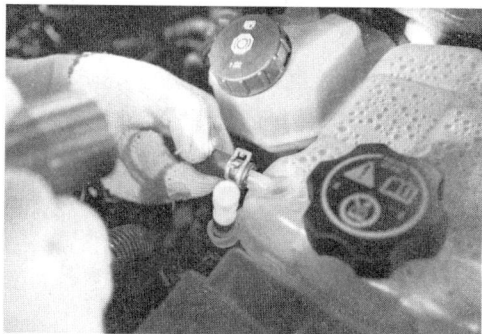

图 3-10 检查冷却系统管路
安装情况(一)

图 3-11 检查冷却系统管路
安装情况(二)

图 3-12 检查冷却系统管路
是否有异样(一)

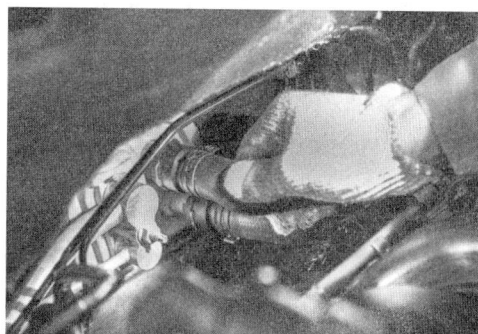

图 3-13 检查冷却系统管路
是否有异样(二)

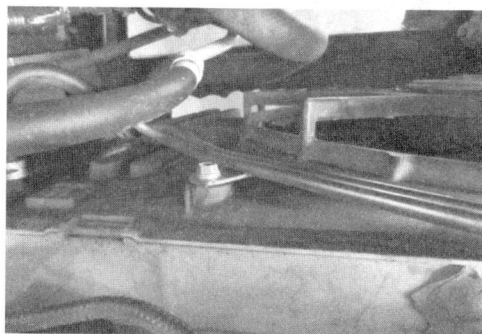

图 3-14 车辆未顶起前检查散热器(一)

图 3-15 车辆未顶起前检查散热器(二)

(2)在车辆顶起后检查时,可用手电筒进行照明,对散热器的各个连接管路、夹箍以及软管连接处进行仔细检查。图 3-16 所示为车辆顶起后检查散热器。

❷ 冷却液的更换

(1)右手用力逆时针拧开冷却液储液罐盖。图 3-17 所示为拧开冷却液储液罐盖。

注意:拧开储液罐盖时一定要小心防止冷却液喷出,最好用布包住储液罐盖。

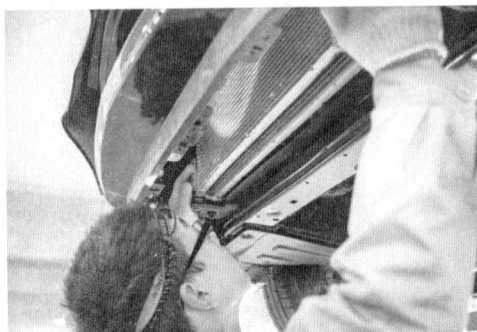

图 3-16   车辆顶起后检查散热器

图 3-17   拧开冷却液储液罐盖

(2)将车辆举升至合适位置。

①检查车辆停放位置是否适合举升,如果不适合则调整位置。在车身的规定位置安放四个升车垫块。图 3-18 和图 3-19 所示为安放装升车垫块。

注意:规定位置即车身下方的凸起位置或专用顶车点。

图 3-18   安放升车垫块(一)

图 3-19   安放升车垫块(二)

②检查车辆周围有无障碍物,确认安全以后打开举升机电源开关,按举升机"上升"按钮,当升车垫块快要与顶起位置接触时,停止举升。图 3-20 和图 3-21 所示分别为打开举升机电源开关和按动"上升"按钮。

注意:举升机按钮必须长按。

③重新检查升车垫块安放位置是否与规定的顶起位置对齐,若没对齐则调整。检查四个垫块的高度是否一致,若不一致则调整。如图 3-22 所示,若四个垫块的高度不一致或者没对齐顶起位置,则必须重新调整,否则有可能影响安全。

④继续按举升机"上升"按钮,开始举升车辆。当车辆举到离地 10cm 时可以停止举升。图 3-23 所示为举升车辆至离地 10cm。

注意：此时举升不可离地过高，以免发生危险。

图 3-20　打开举升机电源开关

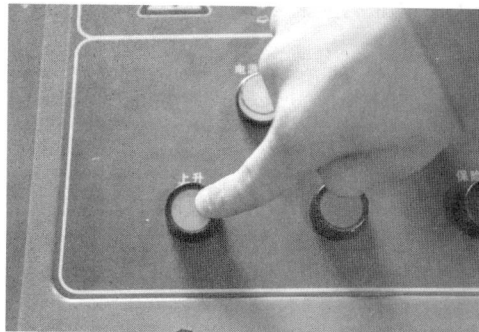

图 3-21　按动"上升"按钮

图 3-22　调整升车垫块

图 3-23　举升车辆至离地 10cm

⑤分别在车辆的前后方中间位置用双手按压车辆，然后迅速离开车辆，检查车辆是否有振动或有声音，如果有声音，则必须降下来重新进行调整。图 3-24 和图 3-25 所示分别为按压车辆前部和后部。

注意：向下压的时候，不要用力过大，以防止车身被压变形。

图 3-24　按压车辆前部

图 3-25　按压车辆后部

⑥用双手将车辆左右两侧的车轮挡块移除并放置在合适位置。图 3-26 所示为移除车轮挡块。

图 3-26　移除车轮挡块

⑦继续举升车辆直到合适位置停住，按住"保险锁"按钮，使车辆缓慢下降，待车辆平稳后检查举升机的齿条是否完全啮合到位，以确认安全。图 3-27 和图 3-28 所示分别为举升车辆至合适位置和按动"保险锁"按钮。

注意: 举升高度到达过人头顶 10cm 时可以停止举升。

图 3-27　举升车辆至合适位置

图 3-28　按动"保险锁"按钮

(3)准备一根排放软管安装到散热器喷嘴上。

注意: 安装排放软管的目的主要是防止排放冷却液时冷却液飞溅。图 3-29 和图 3-30 所示为安装排放软管。

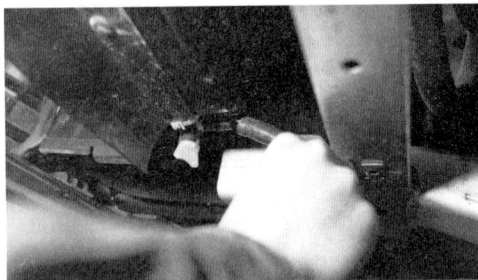

图 3-29　安装排放软管(一)

图 3-30　安装排放软管(二)

(4)逆时针旋转散热器上的排放螺钉，冷却液将从散热器喷嘴上排放出来。图 3-31 所示为拧松排放螺钉。为了使冷却液排放得更加彻底，可以使用高压气枪对冷却液储液罐进行加压。图 3-32 所示为对冷却液储液罐加压。

注意: 一般情况下排放螺钉旋转三圈左右，冷却液就可以从喷嘴处流出来了。使用高压气枪对冷却液储液罐加压时要注意密封。

图3-31　拧松排放螺钉

图3-32　冷却液储液罐加压

（5）待冷却液排空后，将排放螺钉顺时针拧到底并取下排放软管。

（6）降下车辆至轮胎与地面接触，安装好车内三件套、翼子板布和前格栅布、车轮挡块及尾气管，拉起驻车制动器。图3-33所示为下降车辆至低位。

注意：应检查举升机四周，确认安全后才可以降车。

图3-33　下降车辆至低位

（7）加注冷却液至管口下方的底线，然后起动发动机，使发动机的怠速转速保持在2500r/min以下，持续3min左右，直至散热器风扇设置开关接通。图3-34所示为加注冷却液，图3-35所示为冷却液加注位置。

注意：起动发动机后，冷却液液位将会下降，此时需要继续添加冷却液，使冷却液液位保持在管口下方的底线处，然后拧紧储液罐盖。

图3-34　加注冷却液

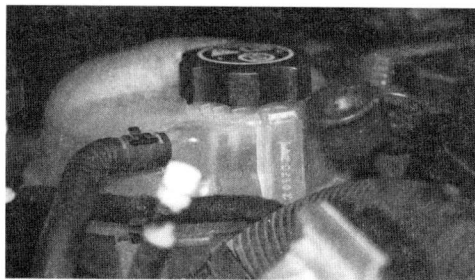

图3-35　冷却液加注位置

（8）关闭发动机，待发动机冷却后再次检查冷却液液位，并将冷却液液位校正至焊接区域。图3-36所示为冷却液罐焊接位置（图中1处）。

（9）上路行驶测试后，再次使发动机冷却并再次检查冷却液液位。如果需要，调整冷却液液位至焊接区域。

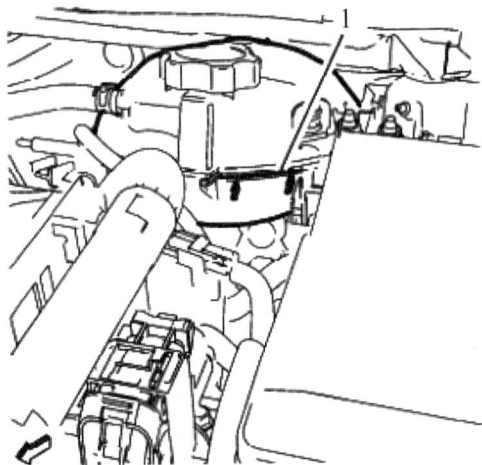

图3-36　冷却液罐焊接位置

三　学习拓展

冷却液的主要功能是将发动机工作时产生的热量及时地散发出去。因此，具有良好的热传导性是对冷却液的基本要求。一般冷却液的更换周期在两年左右，但在使用过程中应定期检查冷却液，检查应在发动机处于常温下进行，这样不但准确，而且安全。冷却液有多种类型，目前使用较多的是乙二醇型冷却液，它由乙二醇与软水按不同比例混合而成。

当发现液面低于下限时，应查明液面下降原因。若因渗漏引起液面降低，应及时补充同一品牌的冷却液；若液面降低系正常蒸发所致，则应添加蒸馏水或去离子水，切勿加入井水、自来水等硬水。当发现冷却液中有悬浮物、沉淀物或发臭时，则说明冷却液已经变质，应及时清洗冷却系统，并更换冷却液。

不同类型的冷却液不能混用，因为不同类型的冷却液中添加的防腐剂、防锈剂、消泡剂和色素等化学成分各不相同，相互混用容易发生化学反应，引起沉淀、结垢和腐蚀等，从而降低发动机的使用寿命。如果确实需要换用其他类型的冷却液，则一定要将原冷却液彻底排放干净，并对冷却系统进行彻底清洗。

另外，如果冷却液的冰点比汽车使用地区的最低环境温度高，则冷却液有可能会结冰，而结冰会导致体积增大，从而引发冷却系统的管路胀裂。

四　技能考核标准

技能考核标准表见表3-1。

技能考核标准表　　　　表3-1

序号	作业内容	评分标准	配分	得分
1	安全防护	车辆维护作业安全与维护	5分	
2	检查冷却液液位	未检查冷却液液位或检查方法不正确扣6分	6分	

续上表

序号	作业内容	评分标准	配分	得分
3	检查冷却液冰点	检查方法不正确或检查不到位扣6分,冰点仪未校零不得分	6分	
4	检查冷却系统的管路是否有泄漏	检查方法不正确或检查不到位扣5分	5分	
5	检查冷却系统管路夹箍	检查方法不正确或检查不到位扣5分	5分	
6	检查冷却系统管路安装情况	检查方法不正确或检查不到位扣5分	5分	
7	检查冷却系统管路是否有异样	检查方法不正确或检查不到位扣5分	5分	
8	检查散热器	未升起前检查3分,升起后检查扣3分	6分	
9	拧开冷却液储液罐盖	未用布包住扣3分,冷却液喷洒不得分	6分	
10	举升车辆至合适位置	未注意安全检查扣6分	6分	
11	安装排放软管到散热器喷嘴上	软管安装不到位不得分	6分	
12	拧松散热器上的排放螺栓	旋转方法错误扣3分,拧松圈数过多不得分	6分	
13	取下排放软管	取下时冷却液喷洒不得分	6分	
14	降下车辆至轮胎与地面接触	未注意安全检查不得分	6分	
15	加注冷却液至管口下方的底线	冷却液加注过多或过少扣3分,加注方法不正确扣3分	6分	
16	关闭发动机,待发动机冷却后再次检查冷却液液位	未检查不得分	5分	
17	路试后,待发动机冷却后再次检查冷却液液位	未检查不得分	5分	
18	7S作业	工具场地设备7S作业	5分	
	总分		100分	

学习任务4　发动机空气滤清器滤芯及火花塞的检查与更换

📚 **学习目标**

⭐ **知识目标**

1. 能正确找出空气滤清器滤芯及火花塞的安装位置;
2. 能正确说出空气滤清器滤芯及火花塞检查与更换方法。

⭐ **技能目标**

1. 能正确判断空气滤清器滤芯及火花塞的好坏;
2. 能规范利用工具对空气滤清器滤芯及火花塞检查更换。

🕐 **建议课时**

4课时

任务描述

此任务在汽车维护中非常重要,是汽车维修技师必备的技能。此任务包括以下内容:

(1)空气滤清器滤芯的更换(检查空气滤清器是否正常,拆装空气滤清附件及更换滤芯)。

(2)火花塞的检查与更换(检查火花塞是否正常,拆装更换火花塞)。

一　理论知识准备

❶ **空气滤清器滤芯的更换**

空气滤清器滤芯应定期更换,空气滤清器滤芯长时间不更换会使灰尘堵住滤芯,从而造成进气不畅。正常情况下,汽车行驶 15000 ~ 20000km 应更换空气滤清器滤芯,如果在恶劣环境下使用,应提前进行更换。

❷ 火花塞的检查与更换

火花塞应定期进行检查与更换。火花塞的状态能反映出发动机燃烧状况是否正常。型号正确的火花塞点火能量大,发动机动力性能强劲。一旦火花塞出现问题,容易造成发动机功率不足,难以起动,甚至损坏发动机。正常的火花塞应该表面无裂纹,中心电极及侧电极无水渍、无油污,表面没有明显的黑炭,中心电极到侧电极的间隙在规定范围内。火花塞在正常使用下呈棕色至浅灰褐色,且带有少量白色粉末状沉积物,这是带添加剂的燃油正常燃烧的副产品。火花塞出现积炭,一般是由多种原因导致的,如燃油混合器过浓、燃油喷射器泄漏、燃油压力过大、空气滤清器滤芯堵塞、燃烧不良、点火系统电压输出减小、线圈不耐用、长时间怠速运行或在轻载下低速行驶致使火花塞处于低温状态等因素造成,因此,在维修过程中可以结合火花塞的状态来排除一些汽车故障。

二　任务实施

❶ 准备工作

(1)将实训车辆平稳停放在实训区域。

(2)检查实训室的通风及防火系统设备工作是否正常。

(3)准备车内三件套、前格栅布、翼子板布手电筒、手套、专业拆装工具等教学用具。

❷ 技术标准与要求

(1)在操作开始前,检查好所有的设备并准备好工具。

(2)拔插连接器之前要进行断电。

(3)起动发动机前,确认驻车制动器是否拉起,变速器操纵杆是否置于 P 挡。

❸ 操作步骤

1)安全防护

安全防护请参考项目一的工作内容。

2)空气滤清器滤芯的检查与更换

(1)拆除后进气管。图 4-1 所示为用手脱开空气滤清器侧的后进气管。

图 4-1　用手脱开空气滤清器侧的后进气管

注意:拆除时先用手脱开空气滤清器侧的后进气管,再往上抬。

(2)拆除空气滤清器出气管。图4-2所示为用一字螺丝刀松开卡箍,图4-3所示为用手脱开出口管和空气滤清器。

注意:用一字螺丝刀松开出口管卡箍,用手脱开出口管和空气滤清器。

图4-2　用一字螺丝刀松开卡箍　　图4-3　用手脱开出口管和空气滤清器

(3)断开质量空气流量传感器连接器,如图4-4所示。

注意:拔插连接线前必须断电,先松开红色保险扣,再按压连接器按钮并脱开。

a)松开红色保险扣　　　　　　b)按压连接器按钮并脱开

图4-4　断开质量空气流量传感器连接器

(4)拧松并移除空气滤清器上壳体螺栓。图4-5所示为拧松螺栓。

注意:用十字螺丝刀拧松空气滤清器壳体上的4颗螺栓,在拆卸过程中不要遗漏或大力硬移壳体,以免损坏。

图4-5　拧松螺栓

(5)松开线束卡夹,如图4-6所示。

(6)向上移除空气滤清器上壳体,如图4-7所示。

(7)取出空气滤清器滤芯并检查,如图4-8所示。

注意：根据箭头方向按压两个紧固件并移动空气滤清器滤芯，检查空气滤清器滤芯是否脏污、有破裂，并按照要求进行更换。

图 4-6　松开线束卡夹

图 4-7　移除空气滤清器上壳体

（8）清洁空气滤清器底座，如图 4-9 所示。

图 4-8　取出空气滤清器滤芯

图 4-9　清洁空气滤清器底座

（9）更换新的空气滤清器滤芯，如图 4-10 所示。

注意：新的空气滤清器滤芯要与原滤芯型号一致，按与拆卸过程相反顺序进行安装。

a)比对新旧空气滤清器滤芯

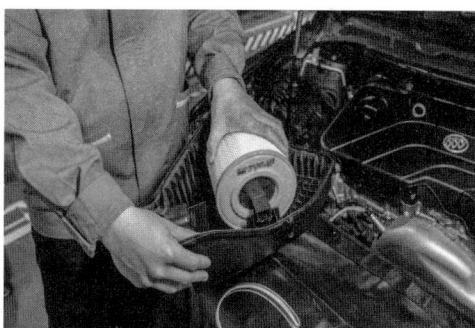

b)安装空气滤清器滤芯

图 4-10　更换新的空气滤清器滤芯

3）火花塞的检查与更换

（1）拧松发动机舱盖板紧固螺栓，如图4-11所示。

注意：用T30套筒进行拧松。

（2）移除机油盖，如图4-12所示。

图4-11　拧松发动机舱盖板紧固螺栓

图4-12　移除机油盖

（3）移除发动机舱盖板，如图4-13所示。

注意：双手从发动机舱盖板两侧向上拉。

（4）将机油盖安装回发动机机油加注口，防止异物进入。图4-14所示为安装机油盖。

图4-13　移除发动机舱盖板

图4-14　安装机油盖

（5）断开点火线圈连接器，如图4-15所示。

注意：拔插连接线前必须断电。先松开红色保险扣，再按压连接器断开。

（6）拧松并移除点火线圈紧固螺栓，如图4-16所示。

注意：用10号套筒拧松。

（7）移除点火线圈，如图4-17所示。

注意：用手往上拔点火线圈，并按顺序摆放。

（8）用14号火花塞专用套筒拧松并取出火花塞，如图4-18所示。

（9）检查火花塞状态，防止出现电弧弱或异常放电。

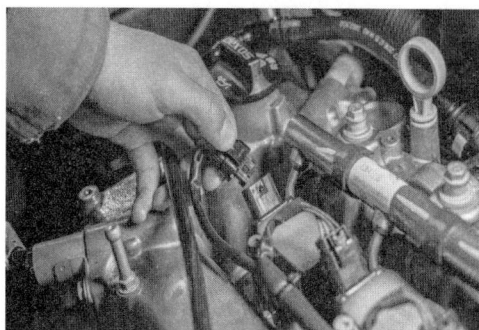

a)松开红色保险扣　　　　　b)按压连接器按钮并脱开

图 4-15　断开点火线圈连接器

a)拧松点火线圈紧固螺栓　　　　b)移除点火线圈紧固螺栓

图 4-16　拧松并移除点火线圈紧固螺栓

图 4-17　移除点火线圈　　　　图 4-18　用火花塞专用套筒
　　　　　　　　　　　　　　　　　　拧松并取出火花塞

①检查接线柱是否弯曲或断裂。图 4-19 所示为检查接线柱情况。

注意:通过拧动和拉动接线柱的方式,测试接线柱是否松动,正常应不晃动。

②检查绝缘体是否击穿或有炭痕、炭黑、裂纹,若有则检查火花塞套管是否损坏;检查汽缸盖的火花塞凹槽区域是否潮湿,例如有机油、冷却液或水。图 4-20 所示为检查绝缘体情况。

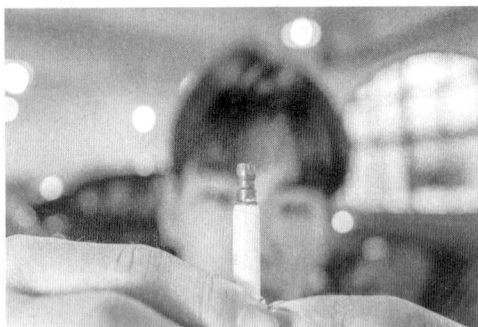

图 4-19　检查接线柱情况

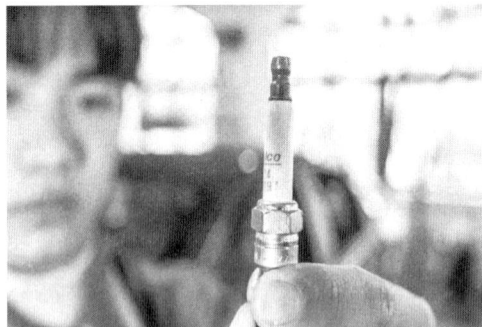

图 4-20　检查绝缘体情况

③检查并测量中心电极和侧电极端子之间的间隙。检查两电极间是否有积炭、是否磨损过度,正常间隙为 0.60 ~ 0.70mm。图 4-21 所示为检查中心电极和侧电极端子之间的间隙。

④检查中心电极是否松动,检查两电极是否存在搭桥短接现象。图 4-22 所示为检查中心电极情况。

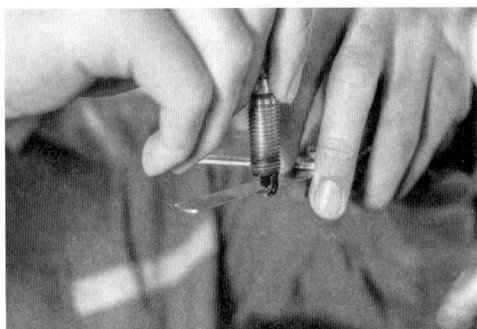

图 4-21　检查中心电极和侧电极
端子之间的间隙

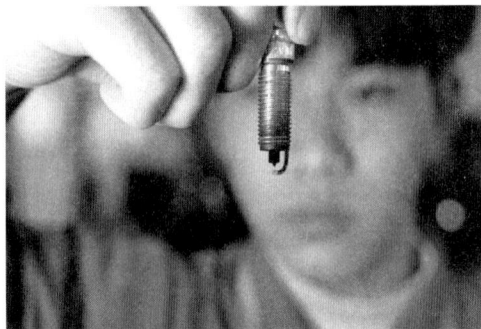

图 4-22　检查中心电极情况

(10)更换安装时与拆卸顺序相反。

注意:必须选择正确型号的火花塞,避免型号不一致的情况,火花塞热值不一致会影响发动机的工作状态。同时,要防止螺纹大小不一致造成发动机损坏。规范使用扭力扳手,火花塞拧紧力矩为 17N·m,点火线圈螺栓拧紧力矩为 10N·m。

(11)起动发动机进行运行检验,若发动机运行正常则关闭发动机。图 4-23 所示为起动发动机进行运行检验。

图 4-23　起动发动机进行运行检验

三 学习拓展

很多人认为车辆能正常起动就不用更换火花塞,其实车辆只要在运行中,火花塞就始终都在不停工作,车辆的动力、怠速、噪声、油耗都与其息息相关。火花塞积炭的形成是一种常见现象。火花塞上的积炭并不是"炭",积炭是发动机在工作过程中,机油和燃油中不饱和烯烃和胶质在高温状态下不完全燃烧产生的残留物没有及时随尾气排出而堆积在系统内的各个位置,从而形成一种黑色的焦着状的物质。由此可见,积炭是一种有机化合物,它是绝缘体,不导电,而炭是一种单质,它是导电的,如果它附着在火花塞上,就会破坏火花塞的绝缘性能,导致火花塞无法工作。

火花塞有不同材质的区别。普通的火花塞是镍合金材质的,这种火花塞大概是车辆行驶 3 万 km 左右更换一次;另一种是电极部分采用铂金材质的火花塞,这种火花塞材质较好,所以更换周期为车辆行驶 6 万 km 左右。现在使用较多的就是铱金火花塞,这种火花塞使用寿命长、点火性能好,一般更换周期达到 10 万 km 左右。

火花塞虽然是小配件,但不同的火花塞有不同的热值,一定要选择与车辆相匹配的火花塞进行更换,不然非但不能起到好的作用,还会影响车辆发动和正常运作。此外要提醒,火花塞是每个汽缸配备一个,所以一辆车上会有多个火花塞,具体数量要视汽缸数量而定,更换时应全部更换,不能只更换一部分。

四 技能考核标准

技能考核标准表见表4-1。

技能考核标准表 表4-1

序号	作业内容	评分标准	配分	得分
1	安全防护	车辆维护作业安全与防护	5分	
2	拆除(安装)后进气管	拆除(安装)时不规范操作扣3分	6分	
3	拆除(安装)空气滤清器出气管	拆除(安装)时不规范操作扣3分	6分	

续上表

序号	作业内容	评分标准	配分	得分
4	断开(安装)质量空气流量传感器连接器	断开(安装)连接器时未断电扣6分,断开连接器方法不规范扣3分	6分	
5	拧松并移除(安装)空气滤清器上壳体螺栓	拧松移除(安装)螺栓时不规范操作扣3分	6分	
6	移除(安装)空气滤清器上壳体	拆除(安装)滤清器上壳体时操作不规范扣3分,拆除后未按要求摆放扣3分	6分	
7	检查空气滤清器滤芯	未对空气滤清器进行检查扣15分	15分	
8	拧松(安装)发动机舱盖板紧固螺栓	遗漏安装发动机舱盖板紧固螺栓扣6分,拆除(安装)时使用工具不规范扣3分	6分	
9	断开(安装)点火线圈连接器	断开(安装)连接器时未断电扣6分,断开连接器方法不规范扣3分	6分	
10	拧松并移除(安装)点火线圈紧固螺栓	拆除(安装)时使用工具不规范扣6分,未按要求力矩操作扣6分	6分	
11	用火花塞专用套筒拧松并取出(安装)火花塞	拆除(安装)时使用工具不规范扣6分,未按要求力矩操作扣6分	6分	
12	检查火花塞状态	未能逐项规范检查火花塞状态,每项内容扣5分,扣完为止	15分	
13	起动发动机进行运行检验	未起动发动机进行检验扣6分	6分	
14	7S作业	工具场地设备7S作业	5分	
总分			100分	

学习任务5　发动机外观和燃料供给检查

学习目标

★ 知识目标

1. 能说出发动机外观和燃料供给检查的内容和原因;

2. 能描述发动机外观和燃料供给检查的作业内容与方法。

★ 技能目标

1. 能正确检查发动机外观和燃料供给检查的作业内容;

2. 能准确判断并指出发动机外观和燃料供给检查的项目是否正确;

3. 能规范作业发动机外观和燃料供给检查的各项检查内容。

建议课时

4 课时

任务描述

　　发动机外观和燃料供给检查是发动机维护项目的重要内容,对车辆的行驶安全起着重要作用。发动机泄漏、传动皮带和燃油系统异常,会影响车辆使用寿命和行驶安全。排气管和消声器所处的环境比较恶劣,如果排气管和消声器损坏,会增加发动机工作时的噪声,影响驾驶员开车的舒适性。通过实施定期维护,确保顾客满意和放心。

　　发动机外观和燃料供给检查项目的内容包括:

（1）发动机检查（检查发动机各部位结合面有无漏油、检查发动机各油封有无漏油、检查机油滤清器及油底壳放油螺栓有无漏油）。

（2）传动皮带检查（检查传动皮带是否有磨损、裂纹、层离或者其他损坏，检查传动皮带的安装情况及张紧度）。

（3）燃油供给系统检查（检查油箱盖，检查燃油供给管及接头有无泄漏，检查燃油供给管的安装情况及有无扭结、磨损、腐蚀或其他损坏，检查燃油蒸发管路安装和损坏情况）。

（4）进排气系统检查（检查空气供给管路安装情况和损坏情况，检查曲轴箱通风管安装情况和损坏情况，检查三元催化转换器、排气管、消声器有无凹陷、刮伤、腐蚀或其他损坏，检查排气系统各密封垫片有无泄漏，检查排气管、消声器的吊挂有无裂纹、损坏或脱落）。

一 理论知识准备

❶ 发动机外观泄漏检查的重要性

汽车在缺机油的情况下继续行驶，对发动机的危害巨大，轻者造成发动机汽缸体拉伤、烧坏曲轴及轴瓦，重者则会使发动机拉缸、爆缸或报废。汽车在发动机润滑不足、密封不好、散热不充分的情况下行驶，会过度磨损发动机，甚至造成发动机报废。

❷ 排气管和消声器的作用

排气管和消声器的作用是降低发动机的噪声和减少排放污染物。

❸ 传动皮带定期检查与更换的原因

发动机通过传动皮带驱动各辅助机构运转，传动皮带工作环境温度高，转速快，非常容易磨损。传动带磨损后，相关的辅助机构会丧失功能，从而影响汽车的正常使用。

❹ 传动皮带检查的内容和方法

检查传动皮带的损坏和安装情况时，应目视检查传动皮带有无变形、裂纹、层离、过度磨损，传动皮带是否安装在带轮槽内。检查张紧度时，应用手指按压传动带，施加98N的力检查松紧程度，也可以通过带张力计进行检查。

❺ 油箱盖的检查内容和方法

检查汽油加注口门打开、关闭是否正常，目视检查汽油加注口门外观是否无变形、无损坏、安装可靠,目视检查油箱盖、密封圈是否无变形、无损坏,真空阀无锈蚀,检查油箱盖连接和旋紧是否正常。

⑥ 燃油管路的检查内容和方法

检查泄漏和损坏情况时,可用头灯或手电筒照明,并佩戴手套触摸检查各燃油管路及接口处是否存在泄漏和损坏现象。检查安装情况时,佩戴手套,用适当的力度拉动管路接口。

⑦ 三元催化转换器、排气管和消声器的检查内容和方法

在检查时,用手电筒照明目视检查密封垫片、三元催化转换器、排气管、消声器是否无损坏、无泄漏,检查排气管吊挂是否无损坏、无脱落。

二 任务实施

① 准备工作

(1)将实训车辆平稳停放在实训区域。

(2)检查实训室的通风及防火系统设备工作是否正常。

(3)准备头灯、手套、升车垫块、举升机等教学用具。

② 技术要求与注意事项

(1)在车下作业前,应检查举升机的齿条完全啮合,保证车下作业安全。

(2)检查外观泄漏时,如发现有油液迹,应用纱布擦除后,过一段时间再确认是否存在泄漏现象。

(3)为避免烫伤,应戴手套检查排气系统。

(4)检查汽油加注口门时车辆应解锁,应检查油箱盖连接情况,旋紧应听到"咔嗒"声;检查连接情况时拉动不要太用力,防止连接线被人为拉断。

③ 操作步骤

1)安全防护

安全防护请参考项目一的工作内容。

2)检查进气系统

(1)检查空气供给管路的安装情况是否到位,管路有无裂纹或其他损坏。图 5-1 所示为检查空气供给管路。

(2)检查曲轴箱通风管路连接是否可靠或有其他损坏。图 5-2 所示为检查曲轴箱通风管路。

图 5-1　检查空气供给管路

图 5-2　检查曲轴箱通风管路

3)检查发动机传动皮带

(1)目视检查传动皮带有无变形、裂纹、层离、过度磨损或其他损坏。图 5-3 所示为检查传动皮带磨损等情况。

注意:如果发现任何损坏,则更换传动皮带。

(2)目视检查传动皮带是否正确地安装在带轮槽内。图 5-4 所示为检查传动皮带安装情况。

图 5-3　检查传动皮带磨损等情况

图 5-4　检查传动皮带安装情况

图 5-5　检查传动皮带松紧程度

(3)用力按压传动皮带,检查传动皮带松紧程度是否适宜。图 5-5 所示为检查传动皮带松紧程度。

注意:用力按压传动皮带,皮带张紧器应该能自由伸缩。

4)检查汽油加注口门

(1)检查汽油加注口门的打开和关闭情况。首先解锁驾驶员侧车门,按下加注口门,在弹簧弹力作用下,汽油加注口门打开。再次按下汽油加注口门,则关闭。图 5-6 所示为打开汽油加注口门。

注意:如果驾驶员侧车门不解锁,则按下汽油加注口门也无法打开。

(2)然后用手轻轻晃动汽油加注口门,确认是否安装牢固。图 5-7 所示为检查汽油加注口门紧固情况。

注意:此处不能太用力摆动。

图5-6　打开汽油加注口门

图5-7　检查汽油加注口门紧固情况

（3）用手触摸汽油加注口门的外表面和内表面,以检查其表面是否有变形和损坏。图5-8所示为检查加注口门外观。

注意:检查变形和损坏要做到手摸和眼看结合。在检查变形损坏时,还应检查加注口门里面是否有变形和损坏。

5）检查油箱盖

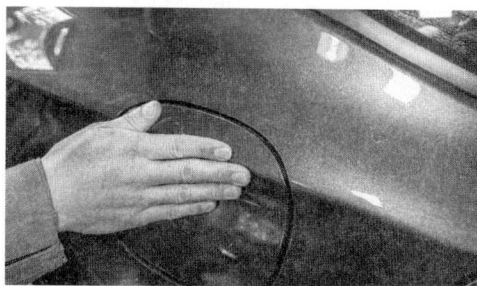

图5-8　检查加注口门外观

（1）用手旋开油箱盖,检查油箱盖和密封圈是否有变形和损坏。图5-9所示为拧开油箱盖,图5-10所示为检查油箱盖。

注意:同时检查真空阀是否锈蚀或者粘住。

图5-9　拧开油箱盖

图5-10　检查油箱盖

（2）通过检查螺纹是否有滑牙等情况确保汽油油箱盖能够被正确上紧,检查橡胶连接线是否连接可靠。图5-11所示为检查螺纹,图5-12所示为检查橡胶连接线。

注意:橡胶连接线可防止油箱盖丢失等情况发生。

（3）检查力矩限制情况。进一步上紧油箱盖,确保加油口盖发出"咔嗒"声而且能够自由转动。图5-13所示为拧紧油箱盖。

注意:听到有2~3响"咔嗒"声时,可以停止操作。

图 5-11　检查螺纹

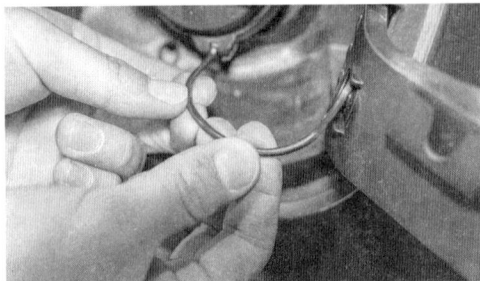

图 5-12　检查橡胶连接线

图 5-13　拧紧油箱盖

6）检查发动机舱燃油管路

（1）仔细用双手触摸检查燃油供给管路及接口位置有无泄漏点。如果发现有泄漏的情况,可以用棉纱布把泄漏点表面清理干净,过一段时间再检查确认是否有泄漏。图 5-14 所示为检查发动机舱燃油供给管及接口泄漏点。

（2）仔细检查燃油供给管路的安装情况是否到位,燃油供给管路有无裂纹、凸起、硬化、磨损或其他损坏。图 5-15 所示为检查发动机舱燃油管安装和损坏情况。

图 5-14　检查发动机舱燃油供给管
及接口泄漏点

图 5-15　检查发动机舱燃油管
安装和损坏情况

（3）检查燃油蒸发系统连接管路、夹箍、活性炭罐电磁阀是否松动或有其他损坏。图 5-16 所示为检查燃油蒸发管路连接情况,图 5-17 所示为检查燃油蒸发管路损坏情况。

7）举升车辆

举升车辆请参考项目一的工作内容。

8）检查发动机各部位接合面有无漏油

佩戴头灯及白色棉纱布手套,用双手触摸发动机汽缸盖与汽缸体的接合面和汽缸体与油底壳的配合表面,检查是否有漏油的现象。如果出现漏油的现象,可以用纱布把漏油表面擦干净,过一段时间再检查确认是否漏油。图5-18 所示为检查发动机各部位接合面漏油情况。

注意:由于车辆底部较暗,目视检查时要用头灯或者手电筒照明。戴手套则可以防止烫伤,而且利于检查。

图5-16　检查燃油蒸发管路连接情况

图5-17　检查燃油蒸发管路损坏情况

9)检查发动机各油封有无漏油

用双手触摸发动机飞轮侧油封和正时侧油封,检查是否有漏油的现象。如果出现漏油的现象,可以用纱布把漏油表面擦干净,过一段时间再检查确认是否漏油。图5-19 所示为检查发动机油封漏油情况。

注意:由于车辆底部较暗,目视检查时要用头灯或者手电筒照明。戴手套检查则可以防止烫伤。

图5-18　检查发动机各部位接合面
　　　　漏油情况

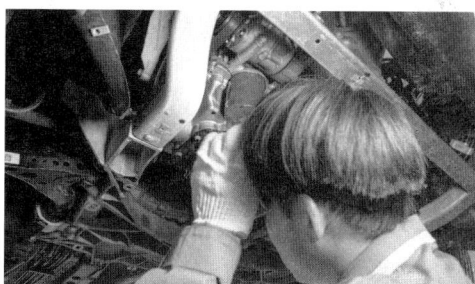

图5-19　检查发动机油封漏油情况

10)检查机油滤清器及油底壳放油螺栓有无漏油

用手触摸机油滤清器接合处和放油螺栓密封垫处,检查是否有漏油的现象。如果出现漏油的现象,可以用纱布把漏油表面擦干净,过一段时间再检查确认是否漏油。图5-20 所示为检查机油滤清器接合处漏油情况,图5-21 所示为检查放油螺栓漏油情况。

图 5-20　检查机油滤清器接合处漏油情况

图 5-21　检查放油螺栓漏油情况

11) 检查发动机和变速器连接处是否漏油

佩戴头灯及白色棉纱布手套,用双手触摸发动机和变速器的连接处,检查是否有漏油的现象。如果出现漏油的现象,可以用纱布把漏油表面擦干净,过一段时间再检查确认是否漏油。图 5-22 所示为检查发动机和变速器连接处漏油情况。

图 5-22　检查发动机和变速器连接处漏油情况

12) 检查车下燃油供给管路

操作方法和作业内容与发动机舱燃油供给管路检查相同。图 5-23 所示为检查车下燃油管及接口泄漏点,图 5-24 所示为检查车下燃油管安装和损坏情况。

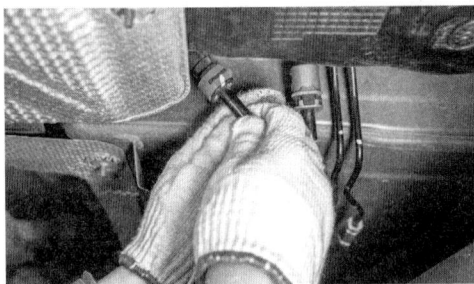

图 5-23　检查车下燃油管及接口泄漏点

图 5-24　检查车下燃油管安装和损坏情况

13) 检查排气系统

(1) 佩戴头灯及白色棉纱布手套,边看边摸,检查三元催化转换器有无明显变形和泄漏。图 5-25 所示为检查三元催化转换器。

(2) 用手轻轻拉动,检查第一个凸缘连接是否可靠,密封垫片有无泄漏。图 5-26 所示为检查第一个凸缘。

注意:此时的排气系统温度很高,要注意安全,以免烫伤。

图 5-25　检查三元催化转换器

图 5-26　检查第一个凸缘

(3)沿着排气管一直向后走,边走边检查前排气管有无凹陷、刮伤和泄漏,吊挂一和吊挂二有无损坏和脱落。图 5-27 所示为检查前排气管,图 5-28 所示为检查吊挂一、吊挂二。

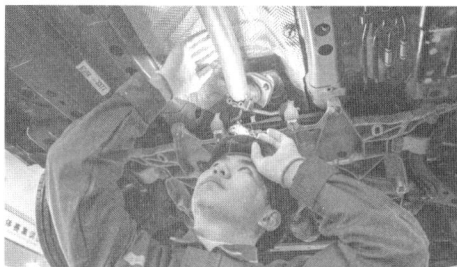

图 5-27　检查前排气管

图 5-28　检查吊挂一、吊挂二

(4)用手轻轻拉动,检查第二个凸缘连接是否可靠,密封垫片有无泄漏。图 5-29 所示为检查第二个凸缘。

(5)先检查前消声器有无凹陷、刮伤、损坏和泄漏,再检查后消声器有无凹陷、刮伤、损坏和泄漏,各个焊接处有无泄漏。图 5-30 所示为检查前消声器,图 5-31 所示为检查后消声器。

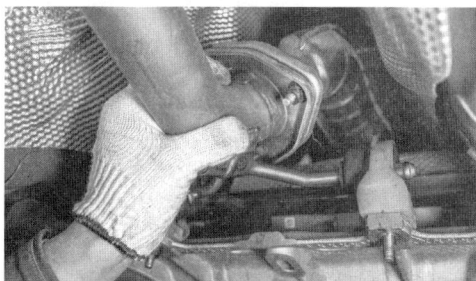

图 5-29　检查第二个凸缘

图 5-30　检查前消声器

图 5-31　检查后消声器

（6）向后走，依次检查后排气管有无凹陷、刮伤和泄漏，吊挂三、吊挂四和吊挂五有无损坏和脱落。图 5-32 所示为检查后排气管，图 5-33 所示为检查吊挂四、吊挂五。

图 5-32　检查后排气管

图 5-33　检查吊挂四、吊挂五

14）7S 作业

复位工位、清洁工具车表面和举升机控制台等，并把地面拖干净，养成良好的工作习惯。图 5-34 所示为清洁地面。

图 5-34　清洁地面

三　学习拓展

❶ 定期清洗燃油系统

燃油在通过油路供往燃烧室燃烧的过程中，不可避免地会形成胶质和积炭，积炭在油道、喷油嘴和燃烧室中沉积下来，干扰燃油流动，破坏正常空燃比，使燃油雾化不良，造成发动机抖动、爆震、怠速不稳、加速不良等性能问题。使用燃油系统强力高效清洗剂清洗燃油系统，并定期使用能控制积炭的生成，能够始终使发动机保持最佳状态。

❷ 油箱盖处设有排水孔

汽车油箱口的设计都是倾斜的，为了解决下雨积水的问题，每辆轿车的油箱盖处都设计有排水孔。汽车油箱盖设计的密封性虽然好，但是也无法完全避免上端流下来的雨水进入油箱里，所以要定期检查，保证排水孔通畅无堵。

四　技能考核标准

技能考核标准表见表 5-1。

技能考核标准表　　　　　　　　　　　　　　　　表 5-1

序号	作业内容	评分标准	配分	得分
1	安全防护	车辆维护作业安全与防护	5分	
2	检查进气系统	空气供给管路、曲轴箱通风管安装情况、裂纹或其他损坏(检查不到位或未检查,每个扣2分)	4分	
3	检查传动皮带	传动皮带安装情况、磨损、裂纹、层离或其他损坏(检查不到位或未查,每个扣3分),传动皮带松紧程度检查检查不到位或未检查,每个扣3分	6分	
4	检查汽油加注口门	汽油加注口门开闭情况检查不到位扣2分,安装情况检查不到位扣2分	4分	
5	检查油箱盖	油箱盖、密封圈无变形、无损坏;旋紧、连接可靠;真空阀无锈蚀(每少查一项扣2分)	6分	
6	检查发动机舱燃油供给管路	燃油管路及接口泄漏检查不到位扣2分,安装情况检查不到位扣2分,管路损坏情况检查不到位扣2分	6分	
7	举升作业	车辆举升高度不合适扣2分,举升机的齿条未完全啮合到位扣5分,未使用保险锁扣3分	5分	
8	检查发动机各部位接合面有无漏油情况	发动机汽缸盖与汽缸体结合面、汽缸体与油底壳接合面(少查、错查扣2分,检查不到位扣2分,未使用头灯或手电筒照明扣2分)	6分	
9	检查发动机各油封有无漏油情况	飞轮侧油封、正时侧油封(少查、错查扣2分,检查不到位扣2分,未使用头灯或手电筒照明扣2分)	6分	

续上表

序号	作业内容	评分标准	配分	得分
10	检查机油滤清器及油底壳放油螺栓	机油滤清器接合处、放油螺栓密封垫处(少查、错查扣2分,检查不到位扣2分,未使用头灯或手电筒照明扣2分)	6分	
11	检查发动机和变速器连接处	发动机和变速器连接处漏油(错查扣2分,检查不到位扣2分,未使用头灯或手电筒照明扣2分)	6分	
12	检查车下燃油供给管路	燃油管路及接口泄漏检查不到位扣2分,安装情况检查不到位扣2分,管路损坏情况检查不到位扣2分	6分	
13	检查燃油蒸发管路	燃油蒸发管路是否松动情况检查不到位扣2分,损坏情况检查不到位扣2分	4分	
14	检查三元催化转换器、排气管、消声器	三元催化转换器、排气管、消声器有无凹陷、刮伤、腐蚀或其他损坏(损坏情况检查不到位或未检查,每个扣2分)	6分	
15	检查排气系统各密封垫片	目视检查是否有炭黑痕迹;有3个接合面(排气歧管与排气前管、中管、后管),少查一项扣2分	6分	
16	检查排气管、消声器的吊挂	晃动检查,未晃动扣2分,检查有无裂纹、损坏或脱落,漏查一处扣1分	5分	
17	设备、人员安全隐患	设备或人员有轻微安全隐患,扣4分;设备或人员有严重安全隐患,扣8分	8分	
18	7S作业	工具场地设备7S作业	5分	
总分			100分	

项目三　底盘检查与维护

学习任务6　制动液的检查与更换

学习目标

⭐ 知识目标

1. 能口述制动液液位下降的原因；
2. 能口述制动液更换的间隔期。

⭐ 技能目标

1. 能通过检查判断制动管路是否符合车辆使用要求；
2. 能按照技术要求规范更换制动液及车轮的拆装。

建议课时

6课时

任务描述

　　底盘检查是整个汽车定期维护检查中的必检项目。由于要检查的这些项目都位于车辆底部，因此，需要使用举升机将车举升至适合操作的位置，方便进行底盘检查。

　　底盘项目检查的内容包括：

（1）车轮的拆卸与安装。

（2）制动系统检查(制动液液位、制动总泵储液罐、制动管及接头有无泄漏、制动管有无扭结、磨损、腐蚀或其他损坏、制动管的安装情况)。

（3）制动液的更换操作。

一 理论知识准备

（1）制动液在使用过程中会氧化,从而引起制动性能下降,因此,必须定期、定时更换制动液。在更换或添加制动液时,必须选择同类型号的制动液,一般制动液加注口盖上都会标注制动液级别。本教学车辆使用的是上汽通用认可的TOD4制动液。制动液的更换周期为2年或汽车行驶4万km,以先到者为准。后期更换依此类推。

（2）导致制动液液位降低的原因有两种。一种是由于正常的制动摩擦片磨损引起的液位下降,当安装新的制动摩擦片后制动液液位上升。另一种是由于制动液压系统油液泄漏导致的液位下降,因为泄漏意味着制动系统迟早不能正常工作,故需对制动系统进行维修,但切勿通过添加制动液来解决泄漏问题。本教学车辆装有制动液液位传感器,当液位过低时,制动系统警告灯会点亮。

（3）制动液具有腐蚀性,对车身涂层有一定的破坏作用,会产生"咬漆"现象,因此,在使用过程中要防止制动液的泄漏,如果人体皮肤接触到制动液,应及时用肥皂和清水清洗,如不慎入眼,须用清水彻底清洗。

二 任务实施

❶ 准备工作

（1）将实训车辆平稳停放在实训区域。

（2）检查实训室的通风及防火系统设备工作是否正常。

（3）准备手套和手电筒等教学用具。

❷ 技术要求与注意事项

（1）在操作开始前,检查好所有的设备并准备好工具。

（2）在检查制动系统管路时,如果有油迹,可以用纱布将油迹擦干净,过一段时间再检查确认是否有漏油现象。

（3）检查制动管路和软管时,需转动车轮,确保车辆运动时或者转向盘完全转动到任何一侧时,不会因为振动而与车轮或者车身接触。

（4）聚乙二醇制动液级别为DOT4,更换容量仪表1~2L,以实际为标准。

（5）目前市场上大部分车型制动系统的分配方式为 X 类型，因此，在更换制动液时要注意该类型的特点，结合先远后近原则，该制动液的排放顺序为右后—左前—左后—右前。

（6）该制动液的更换方式以传统型操作为主，需要双人同时配合完成。

（7）车轮螺母标准力矩为 140N·m。

（8）排气螺栓（制动钳放气阀螺栓）标准力矩为 10N·m。

❸ 制动液检查的操作步骤

1）检查制动系统是否有渗漏

检查制动总泵是否有渗漏（车辆未顶起前）；在车辆未顶起前，在发动机舱内进行检查，检查时可用手触摸，如果制动液溅出或者粘在油漆上，可用干净的布擦拭后再用水清洗，否则，会对油漆表面造成损坏。图 6-1 所示为检查制动总泵是否有渗漏，图 6-2 所示为检查制动总泵是否有渗漏。

图 6-1　检查制动总泵是否有渗漏　　图 6-2　检查制动总泵是否有渗漏

2）检查制动管路（车辆未顶起前）

在车辆未顶起前，在发动机舱内进行检查，检查制动管路及接头有无泄漏，制动管有无扭结、磨损、腐蚀或其他损坏以及制动管路的安装情况。图 6-3 和图 6-4 所示为检查制动管路情况。

图 6-3　检查制动管路情况（一）　　图 6-4　检查制动管路情况（二）

3)检查制动管路泄漏情况(车辆顶起后)

在车辆顶起后进行检查,检查前后左右制动管路及接头有无泄漏。图6-5 和图6-6 所示为检查制动管路泄漏情况。

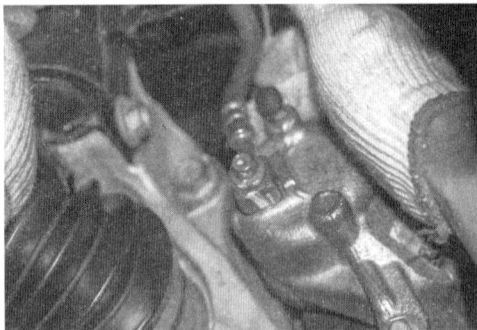

图6-5　检查制动管路泄漏情况(一)

图6-6　检查制动管路泄漏情况(二)

4)检查制动管路损坏情况(车辆顶起后)

在车辆顶起后进行检查,检查前后左右制动管路软管是否有扭曲、接头泄漏、排列是否整齐、裂纹和凸起或其他损坏。图6-7 和图6-8 所示为检查制动管路损坏情况。

图6-7　检查制动管路损坏情况(一)

图6-8　检查制动管路损坏情况(二)

5)检查制动管路和软管的安装状况

在车辆顶起后进行检查,检查制动管路和软管的安装状况,确保车辆运动时或者转向盘完全转动到任何一侧时,不会因为振动而与车轮或者车身接触。检查前轮时先向外侧转动轮胎,再向内侧转动轮胎,在检查时,还需要转动车轮。用手指紧紧按压绕性制动软管,检查是否有软点。图6-9 和图6-10 所示为检查制动软管,图6-11 和图6-12 所示为检查制动管路和软管的安装状况。

❹ 制动液更换的操作步骤

1)准备工作

拆卸前围板上加长板开口盖,将清洁的抹布放在制动总泵下方,防止制动液在更换过程中溢出。

图 6-9　检查制动软管(一)

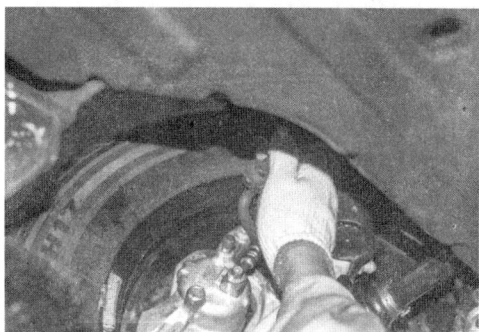

图 6-10　检查制动软管(二)

图 6-11　检查制动管路和软管的
安装状况(一)

图 6-12　检查制动管路和软管的
安装状况(二)

2)拆卸车轮

(1)将车辆举升至合适高度,轮胎离地面 150mm 左右锁止。取出风炮(气动扳手),连接气管,检查气管连接处是否漏气;按压风炮开关,检查旋转方向是否符合要求。调整挡位,一般拨至 3 挡较合适。安装 19mm 风炮套筒,用手转动查看是否会挑落。图 6-13 为检查风炮旋向,图 6-14 为调整风炮挡位。

图 6-13　检查风炮旋向

图 6-14　调整风炮挡位

（2）拆卸轮胎中心盖，相对于轮毂位置做好轮胎标记以及标明轮胎位置(轮胎中心盖无法拆卸,可以参考其他零部件作参考点)。以交叉的形式分两次以上拆卸轮胎螺母,第一次为预松,第二次方可取出轮胎螺母,并卸下轮胎。图 6-15 所示为做轮胎参照制动盘标记,图 6-16 所示为拆卸轮胎。

注意：由于车轮和轮毂之间所用的材料不同或者安装太紧,车轮可能难以拆下,可以通过橡胶锤轻轻地敲打轮胎侧面来拆下轮胎。或者将轮胎螺母安装至预松状态,降下车辆,用手按压该轮胎上方可操作部位,使劲晃动车辆,直至轮胎拆下。

图 6-15　做轮胎参照制动盘标记

图 6-16　拆卸轮胎

3）右后轮制动系统排气

（1）一人进入驾驶室,释放驻车制动器。另一人清洁右后放气螺栓,取下防护套,将一根透明的橡胶管插入放气螺栓上,另一端插入一个透明玻璃瓶内。图 6-17 所示为车内操作,图 6-18 所示为回收方式。

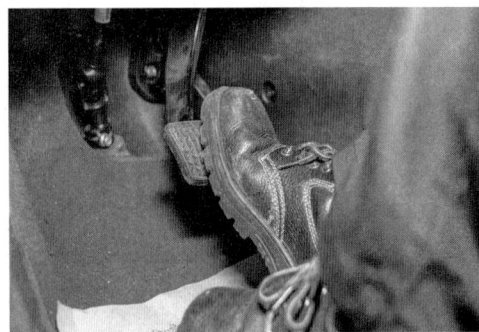

图 6-17　车内操作

图 6-18　回收方式

（2）车内人员听从车外人员口号或手势,车内人员连续踩下制动踏板数次后,直至踩不下去时为止,保持制动踏板踩住不动,以鸣喇叭、口号、手势等方式告知车外人员已经踩住制动踏板不动。

（3）车外人员接收到车内人员踩住制动踏板不动的指令，将放气螺栓旋松一下，此时，制动液连同空气一起从胶管喷入玻璃瓶内，然后尽快将放气螺栓旋紧。在制动液排出的同时，制动踏板高度逐渐降低，在未拧紧放气螺栓之前，决不可将制动踏板抬起，以免空气再次侵入。只有车内人员收到车外人员的"踩"的指令后方可抬起。图 6-19 所示为排气过程。

（4）一个制动轮缸应反复放气几次，直至将空气完全排放完成为止。对排放塞进行清洁，以同样方式依次对左前轮缸、左后轮缸、右前轮缸进行排放。更换完成后，缓慢踩下松开制动踏板，感受制动踏板感觉。检查仪表上制动系统是否有故障，并将制动液添加至合适刻度位置，盖好加注口盖，取下抹布，盖上加注口盖板。图 6-20 所示为清洁排放塞。

注意：在放气过程中，应及时向储液室内添加制动液，保持液面在规定高度；要用水清洁排放塞，切勿使用气枪清洁。

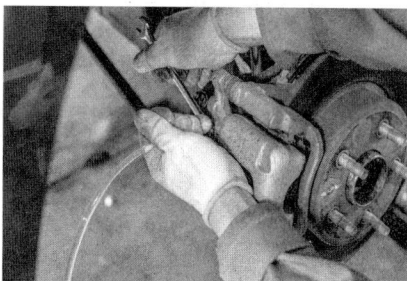

图 6-19　排气过程

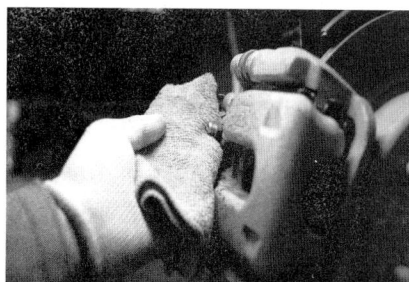

图 6-20　清洁排放塞

4）安装车轮

（1）当所有车轮都排放完成后，清除车轮和轮毂安装面上的所有锈蚀或异物，清洁车轮双头螺栓和车轮螺母。图 6-21 所示为清洁异物。

（2）为阻止中间座孔卡入车轮，安装之前用轴承油脂轻轻涂抹在轮辋的内侧中间座孔上，一人将车轮定位标记对准轮毂，另一人员安装车轮螺母，并用工具将螺母预紧。图 6-22 所示为润滑，图 6-23 所示为对标记。

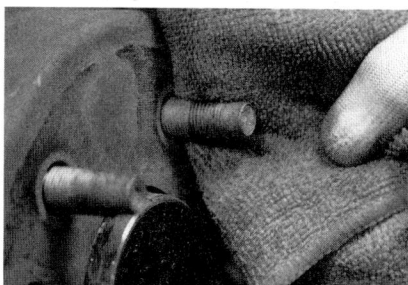

图 6-21　清洁异物

图 6-22　润滑

（3）下降车辆至合适位置，轮胎落地受力，车辆又处于举升状态。安放车轮挡块，拉起驻车制动器。分两次交替紧固车轮螺母直至到达规定力矩。图6-24所示为紧固轮胎。

注意：应均匀地交替紧固螺母，不可一次性紧固到位，以避免跳动量过大。

图6-23　对标记

图6-24　紧固轮胎

5）道路试验

当所有车轮螺母紧固完成后，取下车轮挡块，起动发动机并怠速运行。查看制动系统警告灯是否保持点亮。选择平坦、干燥、清洁和水平的道路或大块场地，尽可能没有交通限制和障碍物，对制动系统进行低速路试，将变速器操纵杆置于P挡，轻踩制动踏板。观察制动踏板感觉和制动踏板行程，松开后再轻踩制动踏板，在继续踩踏制动踏板的同时，将变速器操纵杆置于前进挡，然后松开制动踏板，使发动机怠速运行驶离停车位置。观察制动系统是否缓慢释放。让助手从车外观察车辆状态，自己低速行驶车辆，当车辆从助手前面通过时轻踩制动踏板。让助手听车辆离其最近一侧的制动系统的噪声情况，自己观察制动踏板力和制动踏板行程，再做反方向测试。使车辆中速行驶，观察不踩制动踏板时车辆是否跑偏和/或轮迹不正确。同时轻踩几下制动踏板，观察制动踏板力和制动踏板行程，观察制动系统是否有噪声、脉动和/或制动器拖滞现象。

注意：（1）完工后要对维修后的状况进行检验，操作必须符合法律法规和规范要求，试车人员必须取得对应车型的驾驶证，车辆必须要有行驶证件。

（2）路试前要进行预检，检查制动系统管路是否泄漏，轮胎气压、轮胎花纹及车辆载荷分配是否正常。

（3）路试过程中如有问题，及时返厂维修。

（4）路试完成后，要再次对维修过的零部件进行复检。

三　学习拓展

（1）制动液的质量。新制动液都具有较高的沸点，但制动液受潮、吸水后，其沸点会显著下降。当沸点下降到一定程度（DOT3 型下降到 140℃，DOT4 型下降到 155℃，DOT5 型下降到 180℃）时，制动液就会产生气泡，出现气阻现象，不能胜任工作。对制动液含水量的检测，可以使用制动液检测笔进行，也可以用其他检测设备对其进行定量检测，当含水量大于 2.5% 必须更换制动液。制动液沸点与含水量检测是判定制动液更换的有效方法。

（2）制动液类型。制动液有醇型制动液、矿物油型制动液及合成型制动液。醇型制动液由于其高低温性能较差，易产生气阻。矿物油型制动液对天然橡胶有溶胀作用，且容水能力很差吸潮后极容易产生气阻。所以，这两类型号的制动液已淘汰。目前市场上用的都是合成型制动液，合成型制动液又分醇醚型制动液、酯型制动液和硅油型制动液三种。

四　技能考核标准

技能考核标准表见表6-1。

技能考核标准表　　　　　表 6-1

序号	作业内容	评分标准	配分	得分
1	安全防护	车辆维护作业安全与防护	5分	
2	检查制动总泵是否有渗漏（车辆未顶起前）	未用手电照射扣2分，未检查制动液位扣2分，检查时晃动总泵扣3分，手直接触摸扣3分	10分	
3	检查制动管路（车辆未顶起前）	未用手电照射扣2分，未检查管路排列整齐扣2分，未检查泄漏扣2分，未检查卡扣安装扣2分，手直接触摸扣2分	10分	
4	检查制动管路泄漏情况（车辆顶起后）	未用手电照射扣2分，未检查管路排列整齐扣2分，未检查泄漏扣2分，检查不到位扣2分，手直接触摸扣2分	10分	
5	检查制动管路损坏情况	未用手电照射扣2分，检查不到位扣2分，手直接触摸扣2分	6分	

序号	作业内容	评分标准	配分	得分
6	检查制动管路和软管的安装状况	未用手电照射扣2分,软管检查时未按压扣2分,检查不到位扣2分,手直接触摸扣2分	8分	
7	车轮拆卸	未做标记扣2分,未交替拆卸错误扣2分,未预松拆卸车轮螺母扣2分,风炮套筒使用错误扣2分,工具选择错误扣2分,未按规范性卸下车轮扣2分	12分	
8	制动系统排气	未解除驻车制动进行排气扣2分,排气过程中未检查制动液位变化扣2分,缺失未添加扣2分,未起动车辆扣2分,未进行防护保护扣2分,有液体泄漏扣2分。更换时,未进行呼应扣2分,出现漏项扣3分,空气进入扣2分,操作不规范扣3分	22分	
9	车轮安装	未按标记安装扣3分,未清洁润滑轮毂中心扣3分,未分多次交替紧固车轮螺母扣3分,操作不规范扣3分	12分	
10	7S作业	工具场地设备7S作业	5分	
总分			100分	

学习任务7 制动摩擦片(盘式)的拆装与检查

学习目标

★ 知识目标

1. 能口述制动摩擦片的重要性;

2.能口述制动摩擦片检查与更换的周期。

★ **技能目标**

1.学会制动摩擦片（盘式）的拆装与检查中的注意事项；

2.能正确规范地拆装与检查制动摩擦片（盘式）；

3.能掌握盘式制动器制动拖滞检查的方法。

建议课时

6 课时

任务描述

此任务是整个汽车定期维护中底盘维护项目，是项目三学习任务 6 中车轮拆卸后的延续性任务，顶起位置三时车辆的位置处于与人胸口平齐高度，顶起位置四时汽车举到离地面 20cm 高度。受车辆行驶时间和使用条件的影响，制动摩擦片会因磨损、老化或腐蚀等而降低性能。通过实施定期维护，确保顾客满意和放心。

此任务的内容包括：

（1）前/后轮盘式制动器的拆装；

（2）制动摩擦片检查；

（3）制动卡钳检查；

（4）盘式制动器制动拖滞检查。

本学习任务中前轮盘式制动器（制动摩擦片、制动卡钳、制动拖滞等）为检查项目，如有不符合要求的，需维修或更换。

一　理论知识准备

（1）盘式制动器摩擦片更换的重要性：随着制动器摩擦片的磨损，其制动效能会慢慢降低。当磨损到极限后，制动盘和制动摩擦片背面直接接触，会导致制动盘损坏。

（2）盘式制动器摩擦片检查更换的间隔期：一般每行驶 10000km 或 6 个月检

查一次,当制动摩擦片的剩余厚度不足 2.0mm 时,必须成对进行更换。

(3)由于制动摩擦片中存在镉、铅、汞等有害物质,在使用中会产生粉尘。因此,在维修车轮制动器零部件时,要戴口罩及护目镜。禁止用砂纸打磨制动摩擦衬片、禁止用干刷或压缩空气清理车轮制动器零部件。必须用湿抹布或专业清洗设备清理制动零部件。

二 任务实施

❶ 准备工作

(1)将实训车辆平稳停放在实训区域。

(2)检查实训室的干燥、通风及防火系统设备工作是否正常。

(3)准备道通诊断仪、游标卡尺、扭力扳手和套筒、抹布等教学用具。

❷ 技术标准与要求

(1)前轮新的不带制动衬片的制动摩擦片厚度——标准 11.4mm,极限 2mm。

(2)后轮新的不带制动衬片的制动摩擦片厚度——标准 10mm,极限 2mm。

(3)车轮螺母标准力矩——140N·m。

(4)前/后制动卡钳安装螺母标准力矩——36N·m。

❸ 操作步骤

1)安全防护

安全防护请参考项目一的工作内容。

2)检查制动主缸储液罐液位

目视检查制动主缸液位是否在中间刻度。如果液位过高。应将制动液排至中间位置;液位过低,可以对制动摩擦片进行预判。图 7-1 所示为制动液液位检查。

注意:在制动液未泄漏的情况下,液位过低可能是由于制动摩擦片磨损导致。

3)打开制动液加注口盖

打开制动加注口盖,用干净的抹布或盖子放在加注口盖上,同时,在制动液储液罐下方垫好抹布,以防空气中的杂质进入制动液中或在制动片更换时制动液溢出损坏车身。图 7-2 所示为制动液防护。

4)摆动右前车轮

为方便拆卸,可根据需求,将前轮往某侧摆动。如图 7-3 所示,以下拆卸的是右前车轮,因此,将轮胎方向打向左侧。

注意:(1)不要将车轮方向打死,以免损坏球头。

（2）在摆动前，将变速器操纵杆置于 N 挡，点火开关处于 ACC 挡位。

图 7-1　制动液液位检查

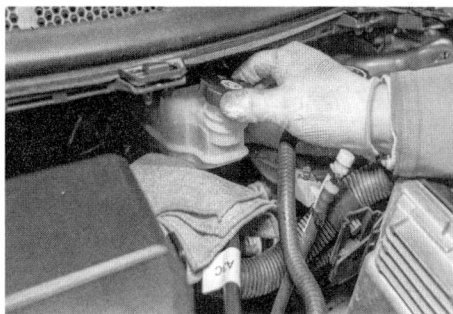

图 7-2　制动液防护

5）检查制动卡钳是否松动（左前）

用双手抓住制动卡钳壳体，相对于制动钳托架上、下、前、后移动壳体。图 7-4 所示为检查制动卡钳。

图 7-3　摆动右前车轮

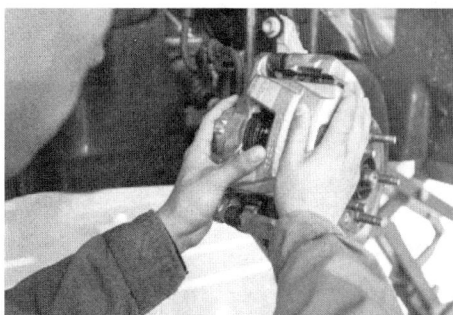

图 7-4　检查制动卡钳

6）拆卸制动卡钳下螺栓（左前）

（1）用一把 18 号开口扳手固定在里面的螺栓上，然后再用一把 10 号套筒拧松外侧的制动卡钳下安装螺栓。图 7-5 所示为拧松制动卡钳螺栓。

（2）将两把扳手放回到工具车上，然后用手将拧松的螺栓旋出来并放好。图 7-6 所示为拧出制动卡钳螺栓。

注意：在旋松制动卡钳下螺栓时，右手要按住制动分泵，并可以根据螺栓的松紧程度进行适当移动调节。

7）检查制动卡钳壳体（左前）

检查制动卡钳壳体是否开裂、严重磨损或损坏。图 7-7 所示为检查制动卡钳壳体。

注意：如果有上述情况，则需要更换制动卡钳。

提示：涉及对零部件的更换时，必须进行型号、外观结构的对比，并对新部件进行检查或检测。

图7-5　拧松制动卡钳螺栓

图7-6　拧出制动卡钳螺栓

8）检查制动卡钳活塞防尘罩（左前）

检查制动卡钳活塞防尘罩是否开裂破裂、有切口、老化或未安装到位。图7-8所示为检查制动卡钳活塞防尘罩。

注意：如果有上述情况，则需要更换制动卡钳。

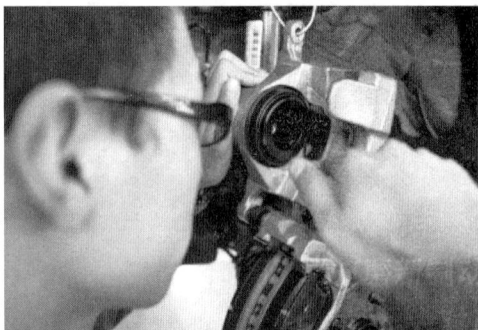

图7-7　检查制动卡钳壳体

图7-8　检查制动卡钳活塞防尘罩

9）检查制动卡钳的制动液泄漏

用抹布检查制动卡钳中是否有液体泄漏。图7-9所示为检查制动卡钳泄漏情况。

注意：（1）如果有上述情况，则需要更换制动卡钳。

（2）针对制动钳活塞液体的泄漏检查，必须在未清洁时进行检查，清洁后会抹除泄漏痕迹。

10）固定制动卡钳（左前）

掀起制动卡钳，再用钢丝钩一端将制动卡钳钩住，另一端钩到螺旋弹簧上。图7-10所示为固定制动卡钳。

注意：不要将制动管路弯曲和扭曲。

图 7-9 检查制动卡钳泄漏情况

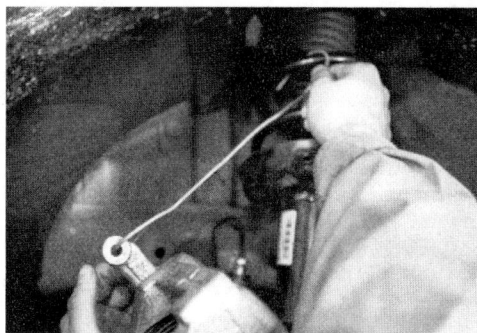

图 7-10 固定制动卡钳

11)取下制动摩擦片(左前)

用双手将制动摩擦片从制动盘上拆下。安放摩擦片时,要区分开内外侧,并用分泵回位器,将制动钳活塞推至制动钳孔内。图 7-11 所示为取下制动摩擦片。

注意:手不可以接触制动摩擦片的表面,以防止污染制动摩擦片从而影响制动效果。推动制动钳活塞时不能过快,以免损坏制动总泵与防尘套。

12)取下制动摩擦片固定弹簧(左前)

用双手将固定弹簧从制动卡钳托架上拆下来,放于工具车上。图 7-12 所示为取下制动摩擦片固定弹簧。

注意:要确定放的位置,可做标记。

图 7-11 取下制动摩擦片

图 7-12 取下制动摩擦片固定弹簧

13)检查制动卡钳托架(左前)

先用抹布清洁制动卡钳托架上的碎屑,然后检查制动卡钳托架是否松动。图 7-13 所示为检查制动卡钳托架。

注意:如有松动,需紧固或更换托架。

14)检查制动卡钳导销及护套(左前)

用手左右移动制动卡钳导销,感觉是否有卡死或卡滞现象,并观察护套是否开裂或破损。图7-14所示为检查制动卡钳导销及护套。

注意：检查制动卡钳导销时，不能将销滑出护套。

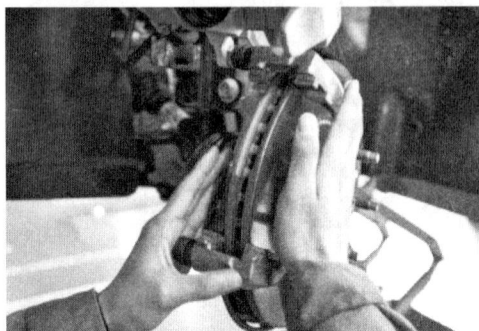

图7-13　检查制动卡钳托架

图7-14　检查制动卡钳导销及护套

15）清洁制动摩擦片（左前）

用湿抹布或专业清洗设备清除两块制动摩擦片表面上的污垢。图7-15所示为清洁制动摩擦片。

注意：（1）手不可以接触制动摩擦片表面。

（2）在教学过程中，禁止使用砂皮打磨制动摩擦片。

16）检查制动摩擦片的磨损情况（左前）

观察制动摩擦片有无不均匀磨损。图7-16所示为检查制动摩擦片磨损情况。

注意：检查时，手不可以接触制动摩擦片表面。

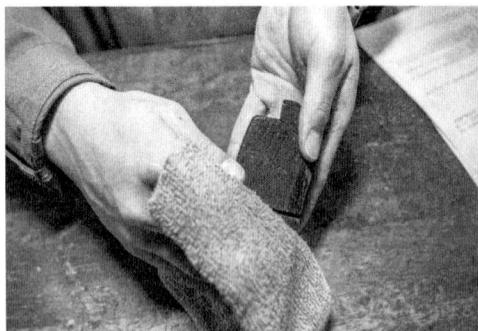

图7-15　清洁制动摩擦片

图7-16　检查制动摩擦片磨损情况

17）检查游标卡尺

用抹布清洁游标卡尺外径测量端和深度测量端，然后将外径测量两端口合拢，锁止后水平观察主、副刻度尺零刻度线是否对齐。如果对齐，校零正常；未对齐，说明游标卡尺有误差。图7-17所示为游标卡尺校零。

注意：(1)清洁后需观察游标卡尺刻度是否清晰。

(2)游标卡尺有误差,在使用过程中可以带误差测量,但最终结果要考虑误差值。

18)测量制动摩擦片厚度(左前、内侧)

测量制动摩擦片内侧两点的厚度是否在标准范围内。如果制动摩擦片的厚度低于磨损极限,则更换制动摩擦片。图7-18所示为测量制动摩擦片内侧厚度。

注意：(1)测量时,游标卡尺深度尺应垂直于测量端面并水平读数。

(2)制动摩擦片内侧厚度为:标准11.4mm,极限2mm。

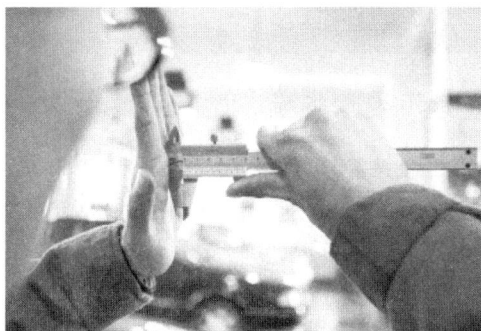

图7-17　游标卡尺校零

图7-18　测量制动摩擦片内侧厚度

19)测量制动摩擦片厚度(左前、外侧)

测量制动摩擦片外侧两点的厚度是否在标准范围内。如果制动摩擦片的厚度低于磨损极限,则更换制动摩擦片。上述四点如有一点不正常,则必须同时更换两块制动摩擦片。图7-19所示为测量制动摩擦片外侧厚度。

注意：(1)测量时,游标卡尺深度尺应垂直于测量端面,并水平读数。

(2)制动摩擦片外侧厚度为:标准11.4mm,极限2mm。

20)润滑并安装制动摩擦片固定弹簧(左前)

在固定弹簧上涂抹一层高温硅润滑剂,按标记位置将其装至制动卡钳托架上。图7-20所示为安装制动摩擦片固定弹簧。

注意：在润滑之前,应先清洁固定弹簧。

21)安装制动摩擦片(左前)

(1)将制动摩擦片安装到制动卡钳托架上面,注意磨损指示器朝上。图7-21所示为安装制动摩擦片。

注意：安装过程中要注意内、外侧摩擦片不要搞错。

(2)拆下钢丝钩,将制动卡钳归位。图7-22所示为制动卡钳归位。

22)安装制动卡钳螺栓(左前)

(1)从工具车上取来制动卡钳安装螺栓,检查有无弯曲和缺牙后再用手将其旋紧。图 7-23 所示为安装制动卡钳螺栓。

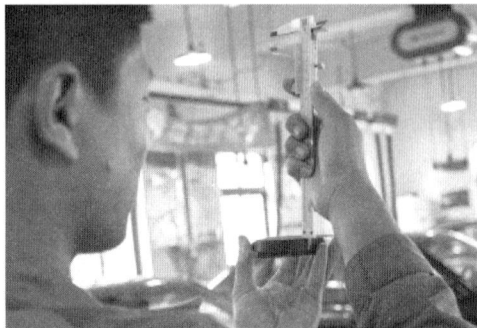

图 7-19　测量制动摩擦片外侧厚度

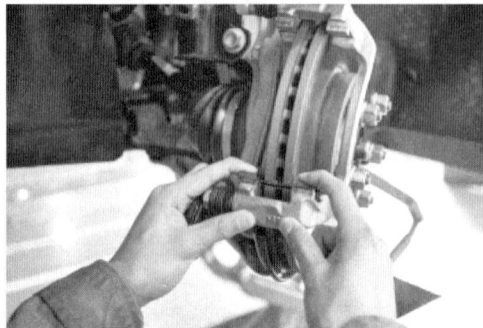

图 7-20　安装制动摩擦片固定弹簧

图 7-21　安装制动摩擦片

图 7-22　制动卡钳归位

(2)从工具车上取一把扭力扳手(10～100N·m),然后调好力矩和 10 号套筒装好,再拿一把 18 号套筒,来紧固制动卡钳安装螺栓。图 7-24 所示为拧紧制动卡钳螺栓至规定力矩。

注意:(1)要紧固上面一个安装螺栓。

(2)制动卡钳螺栓力矩标准值为 36N·m。

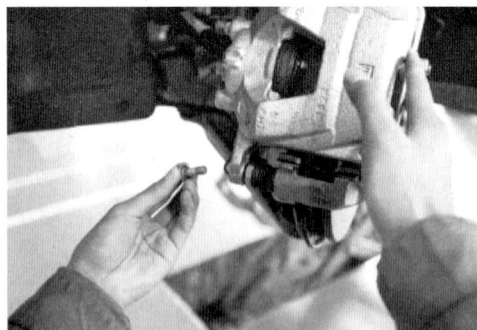

图 7-23　安装制动卡钳螺栓

图 7-24　拧紧制动卡钳螺栓至规定力矩

23）下降车辆

将车辆下降至离地面 20cm 高度并锁止，如图 7-25 所示。

注意：操作中两位学员必须前后呼应，检查举升机四周安全后方可下降车辆。

24）调整盘式制动器

用脚踩踏制动踏板数次，使制动卡钳活塞和制动摩擦片复位。图 7-26 所示为踩踏制动踏板。

注意：(1)制动卡钳安装过程中，活塞和制动摩擦片未处于复位状态。

(2)踩制动踏板时，要缓慢进行，直至制动踏板坚实。

图 7-25 下降车辆至离地面 20cm

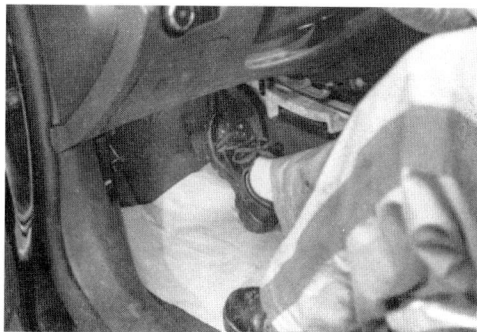

图 7-26 踩踏制动踏板

25）检查制动液(补充)

观察制动总泵储液箱内的制动液液位是否正常。如果不够，则进行加注补充。图 7-27 所示为制动液液位检查。

注意：检查制动液液位是为了确保制动系统能够正常运行，制动液液位应处于中间刻度位置。

26）检查盘式制动器拖滞情况(左前)

(1)学员在驾驶室里听辅助人员的口令，当辅助人员喊"刹"时，学员则迅速踩下制动踏板。

注意：该项目需要两个人来配合操作(驾驶室外操作人员辅助)。

(2)当驾驶室操作人员踩下制动踏板后，外面辅助人员转动左前车轮制动盘，此时制动盘应不会转动。如会转动，则表明制动系统有故障。转动好后向驾驶室人员喊"放"。图 7-28 所示为转动制动盘。

注意：前轮转动的阻力比较大，因此，在转动时双手要稍稍加力。

(3)当驾驶室操作人员听到辅助人员喊"放"时，马上释放制动踏板。

(4)当驾驶室操作人员释放制动器踏板后，马上用双手转动制动盘，检查其是否能够转动,此时应该能立即转动。如果不转动,则表明制动系统有故障。如果未能立即转动,则表明制动器拖滞。

图 7-27　制动液液位检查

图 7-28　转动制动盘

27）左后轮制动器的相关检查与安装

左后轮制动器的相关检查与安装请参照左前轮制动器的操作进行。

注意:（1）后轮制动摩擦片标准:10mm,极限:2mm。

（2）导销固定螺栓标准力矩为 36N·m。

（3）在后制动卡钳活塞回位时,必须选用专用的分泵回位器,它具有边转边压的功能。

（4）在制动卡钳活塞回位的过程中,会出现活塞防尘套扭曲的情况,此时,应及时处理,防止防尘套破损。可以反向旋转分泵回位器,直至防尘套回正（此处省略右前与右后制动摩擦片的拆装与检查）。

28）左后轮制动摩擦片的拆装

（1）连接道通诊断仪,打开点火开关置于 ON 挡位,进入对应车辆的维护模式,选择对应电子驻车系统。进入后,驻车制动在回缩状态。此时,一般对应地进行驻车制动释放且驻车维护灯闪烁后,再关闭点火开关。

提示:一般带电子驻车系统的车辆,更换后轮制动摩擦片时,都必须进入驻车制动维护模式。同时,该模式的启用都有手动操作与诊断仪操作两类。当进入维护模式时,仪表对应的制动维护指示灯会点亮。

（2）清洁检查线束插座,接着断开驻车制动器连接插座,将驻车制动线束从制动钳中移除。

注意:对于插座连接器,要有两步操作,即先解除红色卡子,再移除,如有水迹,应先清除水后再拆卸。

29）左后轮制动钳拆装

（1）用一把 17 号套筒固定导销螺栓上,然后再用一把 12 号套筒拧松外侧的制动卡钳(上侧)安装螺栓。

（2）将两个套筒放回到工具车上,然后用手将拧松的螺栓旋出来并放好。

注意:在旋松制动卡钳(上侧)螺栓时,右手要按住制动分泵,并可以根据螺栓的松紧程度进行适当调节。

30）连接诊断仪,解除电子驻车制动器的维护模式

连接道通诊断仪,打开点火开关置于ON挡位,进入对应车辆的维护模式,选择对应电子驻车系统。进入后,驻车制动在伸出状态。此时,仪表驻车维护灯熄灭,驻车制动进入工作状态。然后对驻车制动器进行检验,拉起后,后轮应无法旋转;释放后,后轮应转动正常,并对驻车制动进行校正。制动器拖滞检查与前轮一致。

提示:一般带电子驻车系统的车辆,更换后轮制动摩擦时,都必须进入驻车制动维护模式。同时,该模式的启用都有手动操作与诊断仪操作两类,上述操作需借用诊断仪。

31）道路试验

道路试验请参考项目三中的学习任务6。

注意:（1）完工后要对维修后的状况进行检验,车此操作必须符合法律要求,试车人员必须取得对应车辆的驾驶证,车辆必须要有行驶证件。

（2）试车过程中主要检测制动时有无异响以及制动性能,对应制动性能检测要用相应的检测设备,详见《商用车辆和挂车制动系统技术要求及试验方法》（GB/T 12676—2014）。

三　学习拓展

制动系统可以按功用进行分类。

（1）行车制动系统是由驾驶员用脚来操纵的,故又称脚制动系统。它的功用是使正在行驶中的汽车减速或在最短的距离内停车。

（2）驻车制动系统是由驾驶虽用手来操纵的,故又称手制动系统。它的功用是使已经停在各种路面上的汽车驻留原地不动。

（3）第二制动系统是在行车制动系统失效的情况下,保证汽车仍能实现减速或停车的一套装置。许多国家的制动法规中规定汽车必须具备第二行车系统。

（4）辅助制动系统。对于经常在山区行驶的汽车以及某些特殊用途的汽车,为了提高行车的安全性和减轻行车制动系统性能的衰退及制动器的磨损,需借助辅助制动系统稳定车速。

四 技能考核标准

技能考核标准表见表7-1。

技能考核标准表

表7-1

序号	作业内容	评分标准	配分	得分
1	安全防护	车辆维护作业安全与防护	5分	
2	检查制动卡钳是否松动	检查前未清洁扣2分,未用双手去检查扣3分	7分	
3	拆卸制动卡钳下安装螺栓	未正确选用工具扣3分,拆卸方法错误扣3分	8分	
4	检查制动卡钳壳体	开裂、磨损、损坏,少其中一个扣2分	8分	
5	检查制动卡钳活塞防尘罩	老化、开裂、安装,少其中一个扣2分	8分	
6	制动卡钳泄漏检查	清洁后检查液体泄漏扣3分,检查后未清洁扣3分	8分	
7	取下制动摩擦片固定弹簧	制动摩擦片拆卸前未标注记号扣2分,拆卸方法错误扣3分,每错一处扣2分,扣完为止	10分	
8	检查制动卡钳托架	清洁方式不正确扣3分,松动扣3分	8分	
9	检查制动卡钳导销及护套	销卡死扣2分、护套开裂扣2分,销滑出护套扣2分	8分	
10	检查制动摩擦片的磨损情况	未进行清洁扣2分,未进行目测扣3分	10分	
11	测量摩擦片厚度	未清洁量具扣2分,游标卡尺使用错误规范3分,读数超出偏差±0.04mm扣3分,测量点至少四个扣3分	10分	
12	后轮制动摩擦片的拆卸	未在维修模式更换制动摩擦片不得分	10分	
总分			100分	

学习任务8 制动盘的拆装与检查

学习目标

⭐ 知识目标

1. 能口述更换制动盘的重要性;
2. 能叙述制动盘更换后路试的磨合要求。

⭐ 技能目标

1. 能正确规范地对制动盘进行更换操作;
2. 能根据技术标准,检测判断制动盘的好坏。

建议课时

6课时

任务描述

此任务是汽车定期维护中的底盘维护项目之一,车辆处于与人胸口平齐的高度。车辆受到行驶时间和使用条件的影响,制动盘会受到磨损、老化或腐蚀等而降低性能。通过实施定期维护,确保顾客满意和放心。

此任务的内容包括:

(1)制动盘的外观检查;

(2)制动盘的厚度检查;

(3)制动盘的跳动量检查;

(4)制动盘的更换操作。

本任务以前轮盘式制动器(制动盘外观、制动盘厚度、制动盘跳动量等)为检查项目,如有不符合要求需维修或更换。

一 理论知识准备

（1）制动盘检查的重要性：制动盘在使用中出现的磨损分为两类，一类为均衡性磨损，该情况下制动盘磨损比较平整，内外磨损均衡。另一类为非均衡磨损，由于制动盘是旋转元件，在该情况下会导致踩踏制动踏板时，受力不均衡，转向盘出现抖动现象。此时，通过检测判断是否对制动盘与制动摩擦片进行研磨加工或者更换。

（2）制动盘更换的重要性：车辆在使用中，制动盘受到摩擦而磨损，当磨损到达极限时，会影响制动性能，严重时会导致安全事故。因此，对应不符合要求的制动盘要及时进行更换。由于车型不同，制动盘的磨损极限尺寸也不一样，但检测与判断方法均可相互借鉴参考。

二 任务实施

❶ 准备工作

（1）将实训车辆平稳停放在实训区域。

（2）检查实训室的通风及防火系统设备工作是否正常。

（3）准备游标卡尺、千分尺、百分表和磁性表座、扭力扳手和套筒、砂皮等教学用具。

❷ 技术标准与要求

（1）制动盘厚度测量点：距离制动盘外边缘约13mm处。

（2）制动盘厚度：前盘标准26mm，极限23mm；后盘标准10mm，极限8mm。

（3）制动盘端面跳动量测量点：距离制动盘外边缘约13mm处。

（4）制动盘端面跳动量：≤0.04mm。

（5）制动盘固定螺栓力矩：9N·m。

（6）车轮螺母标准力矩：140N·m。

（7）制动钳托架螺栓：前150+45°N·m，后100+60°N·m。

❸ 操作步骤

1）安全防护

安全防护请参考项目一的工作内容。

2）拆卸制动钳

根据操作需要，可以将右前车轮往左摆动至合适位置，将车辆举升至自身需求的合适位置。松开制动钳上下固定螺栓,将制动钳用铁钩挂至减振弹簧上(该项目基于项目三的学习任务 7 中制动摩擦片的拆装与检测)。图 8-1 所示为拆卸制动钳,图 8-2 所示为安放制动钳。

注意:(1)防止将车轮方向打死,以免损坏球头。

(2)防止导销护套扭结或损坏。

(3)防止制动钳安放时,制动软管扭结或损坏。

图 8-1　拆卸制动钳

图 8-2　安放制动钳

3)临时安装车轮螺母(左前)

(1)从工具车中取出五个制动盘锥形垫圈并装于车轮螺栓上。图 8-3 所示为安装锥形垫圈。

注意:与车轮螺母配合的锥面应朝外。

(2)将五个车轮螺母旋在螺栓上面并用手带紧。图 8-4 所示为安装车轮螺母。

注意:五个车轮螺母需对角交叉安装。

图 8-3　安装锥形垫圈

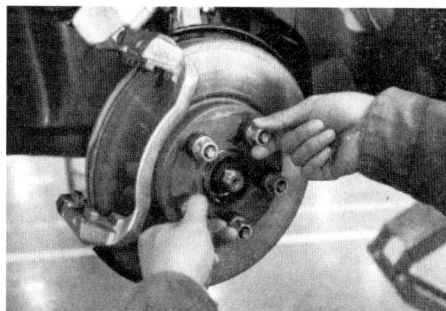

图 8-4　安装车轮螺母

(3)从工具车中取出 19 号套筒和棘轮扳手(大)并装好,然后按照上、右下、左上、右上、左下的顺序将螺母临时紧固。图 8-5 所示为紧固车轮螺母。

注意:①套筒和螺母要充分接合。

②在一次紧固好后,再用力紧固一次,以保证其有一定的紧度。

(4)将扭力扳手力矩调至40N·m并和19号套筒装好后,按照上、右下、左上、右上、左下的顺序将螺母临时紧固至规定值,以便进行制动盘跳动量的检查。图8-6所示为紧固车轮螺母至规定值。

注意:①套筒和螺母要充分接合。

②在教学过程中,可将扭力适当调小。

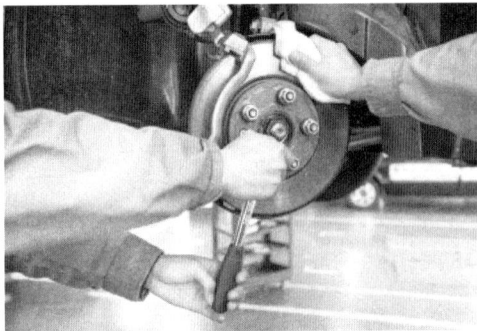

图8-5　紧固车轮螺母

图8-6　紧固车轮螺母至规定值

4)清洁制动盘(左前)

用湿抹布清洁制动盘内外侧表面摩擦片留下的粉尘与杂质。图8-7所示为清洁制动盘。

注意:①手不可以接触制动盘表面,以免影响测量。

②切勿用干刷或压缩空气清洁任何粉尘,若人体吸入会影响健康。

5)检查盘式制动盘磨损和损坏情况(左前)

检查制动盘内外侧上是否有刻痕、不均匀或者异常磨损以及裂纹和其他损坏。图8-8所示为检查盘式制动盘磨损和损坏情况。

注意:在检查时,边转动制动盘边用眼睛观察制动盘表面,特别制动盘与摩擦片的接触部位。

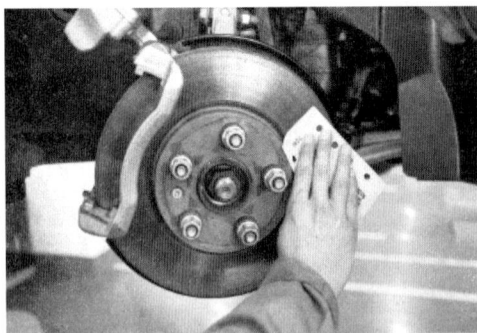

图8-7　清洁制动盘

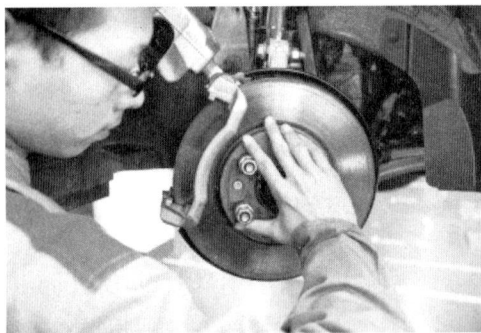

图8-8　检查盘式制动盘磨损和损坏情况

6)做测量点标记(左前)

从工具车上取出游标卡尺,清洁校零后调至13mm并锁止。用粉笔在距离制动盘外边缘13mm处做标记,每90°做一标记。图8-9、图8-10所示为做测量点标记。

注意:用粉笔标记会导致一定的误差,但四个点必须离外边缘距离接近13mm,而且四点应均匀分配。

图8-9 做测量点标记(一)

图8-10 做测量点标记(二)

7)检查制动盘厚度(左前)

(1)清洁千分尺(25~50mm)后,进行千分尺的校零操作,要确定其零位正确。如果零位不正确,则必须进行调整,调整好以后才能进行测量。图8-11为千分尺校零。

注意:也可以带误差读数,但最后结果要考虑误差值。

(2)读取第一个测量位置厚度,然后拿出千分尺,转动制动盘90°再测量第二个位置的厚度。然后再用同样的方法测量后两个位置,并将四个厚度的最小值与标准进行比较。图8-12所示为制动盘厚度测量。

注意:①要求制动盘的厚度在标准的范围之内,如果超出则进行更换。

②标准值为26.00mm,极限值为23.00mm。

③测量点应该避开标记点,用粉笔标记会带来误差。

图8-11 千分尺校零

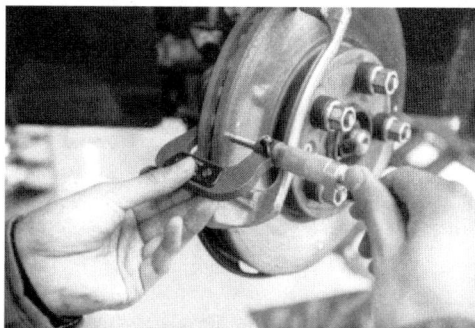

图8-12 制动盘厚度测量

（3）测量好以后，清洁千分尺端口，再将千分尺旋转到原始位置。

注意：①清洁千分尺，保证量具不会被污损，确保以后能够继续使用。

②归位时，不要将千分尺端口紧密接触。

8）检查制动盘跳动量（左前）

（1）清除其中三个标记，清洁磁性表座并组装好。图8-13所示为组装磁性表座。

（2）先关闭磁性表座的磁性开关，然后安装到减振器处，再打开磁性表座的磁性开关。图8-14所示为安装磁性表座。

图8-13　组装磁性表座

图8-14　安装磁性表座

（3）从工具车上取出百分表，用手轻拉百分表指针拉杆，检查百分表表盘是否卡滞，并清洁百分表。图8-15所示为检查百分表表盘。

（4）将百分表安装到磁性表座的支架上，再将百分表的探针位置调到标记的附近点。另外，百分表的探针必须与制动盘表面垂直。图8-16所示为安装百分表。

注意：①标记位于高点位置。

②通过转动磁性表座支架的固定螺母，然后上下滑动支架，调节百分表的位置。

图8-15　检查百分表表盘

图8-16　安装百分表

（5）先将百分表预压1~2圈，然后进行固定。接着转动制动盘一圈，观察百分表读数最小位置，将百分表调到最小位置。图8-17所示为调整百分表位置。

注意：预压 1～2 圈主要是为了在测量时留出一定的余量，才可以进行正常的测量。

（6）转动制动盘，观察百分表指针的摆动量，以摆动量最大的为准，并读出此时制动盘的跳动量。将测量出的数值与标准值进行对比，确定是否正常，如不正常则根据制动盘厚度和跳动量决定是否修复或更换。图 8-18 所示为转动制动盘。

注意：①制动盘的转动圈数为 3 圈，以保证数据的正确性。

②标准值应不大于 0.05mm。

图 8-17　调整百分表位置

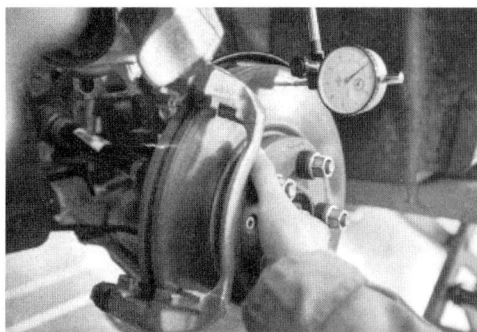

图 8-18　转动制动盘

（7）测量完成以后，首先将磁性表座的支架向外移动，然后拆除百分表并清洁归位。图 8-19 所示为拆除百分表。

注意：由于百分表是精密量具，为了防止其损坏，应先将百分表拆除。

（8）从车辆上面拆除磁性表座，先关闭磁性表座的开关，再将磁性表座从车辆上面取下。图 8-20 所示为取下磁性表座。

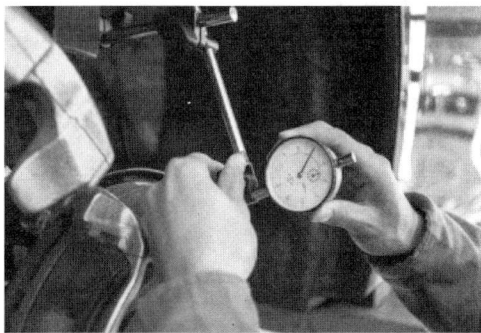

图 8-19　拆除百分表

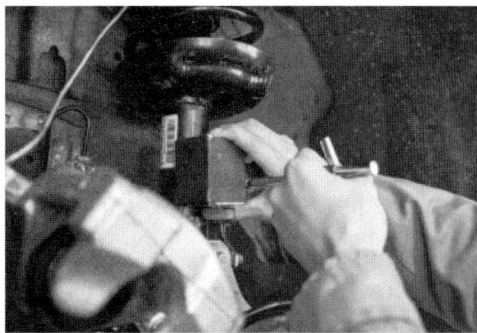

图 8-20　取下磁性表座

9）更换制动盘

（1）查看螺栓漆标，拆卸制动钳托架固定螺栓。

（2）一人用抹布固定制动盘，另一人用 T30 套筒拆卸制动盘固定螺栓。

图8-21为拆卸制动盘固定螺栓。

（3）取下制动盘。

注意：①制动钳托架固定螺栓拧松对角分两次。

②拆卸制动盘固定螺栓过程中,要防止制动盘掉落(建议两人操作一人辅助另一人拆卸)。

③始终按照车桥成套更换制动盘。

④如果不更换制动盘,必须在拆卸前相对轮毂中心做标记。

10）安装制动盘(左前)

（1）彻底清洁轮毂/车桥凸缘盘与制动盘接合表面的锈蚀或腐蚀物。图8-22所示为清洁凸缘盘。

图8-21　拆卸制动盘固定螺栓　　　　图8-22　清洁凸缘盘

（2）检查新制动盘型号尺寸与原制动盘是否一致,若一致,用清洁剂去除新制动盘上的油污,用粗砂纸打磨新制动盘接触面,以增大摩擦系数。图8-23所示为打磨制动盘表面,图8-24所示为对比新旧制动盘型号。

（3）安装制动盘,对制动盘进行跳动量进行检查。

注意：①制动盘安装螺栓力矩为9N·m。

②安装制动盘时建议两人操作。

③制动盘安装完成后,需对跳动量进行检测。

图8-23　打磨制动盘表面　　　　图8-24　对比新旧制动盘型号

11）安装制动钳托架（左前）

先用手拧上制动钳托架螺栓，再用棘轮扳手预紧，并交替紧固托架螺栓，直至力矩达到150N·m，在螺栓上做好标记点，用指针式扭力扳手，将螺栓旋转45°。条件允许可配用角度仪进行，没有角度仪的可以通过自行标记的形式估算角度。图8-25所示为安装制动钳托架，图8-26所示为参照转向节做标记。

注意：①不需要清除螺纹上的锁止胶。

②标准值：150＋45°N·m。

③切记不要一次性紧固到底。

④使用风炮不得听到"哒哒"声。

图8-25 安装制动钳托架

图8-26 参照转向节做标记

12）安装制动钳及制动摩擦片

制动钳及制动摩擦片的安装请参考项目三中学习任务6。

注意：①在关闭发动机的前提下，逐渐踩下制动踏板至最大自由行程约2/3处，缓慢释放制动踏板，等待15s后，再次逐渐踩制动踏板至最大自由行程2/3处直到制动踏板坚实，这时制动钳活塞与制动摩擦片正确到位，最后再检测制动拖滞情况。

②再次检查制动主缸储液罐中的液位，将其调整至合适标准刻度位置。

③制动盘与制动摩擦片拆卸或更换后，都必须对制动性能进行检查，对于没有检测设备的可以进行路试试验。路试时，选择一条平整且交通量小的道路，将车辆加速至48km/h，用适中或坚实的脚力踩下制动踏板，使车辆停止。不要使制动器抱死。重复操作直至完成约20次的停止操作。停止期间应确保制动器充分冷却，以使制动摩擦片与制动盘正确磨合。

13）道路试验

道路试验的内容请参考项目三的学习任务6。

三 学习拓展

（1）制动器是制动系统中用以产生阻碍车辆的运动或运动趋势的力的部件，其中后一提法适用于驻车制动器。除了竞赛汽车上才装设的、通过张开活动翼板以增加空气阻力的空气动力缓速装置以外，一般制动器都是通过其中的固定元件对旋转元件施加制动力矩，使后者的旋转角速度降低，同时依靠车轮与路面的附着作用，产生路面对车轮的制动力，使汽车减速。

（2）凡利用固定元件与旋转元件工作表面的摩擦而产生制动力矩的制动器都称为摩擦制动器。目前各类汽车所用的摩擦制动器可分为鼓式制动器和盘式制动器两大类。前者的摩擦副中的旋转元件为制动鼓，其工作表面为圆柱面；后者的旋转元件则为圆盘状的制动盘，以端面为工作表面。

（3）制动盘在工作时不仅受到制动块施加的很大法向力和切向力作用，而且还承受比制动鼓大得多的热负荷作用，其表面最高温度可达到800℃，在高温作用下可能翘曲，从而导致产生摩擦噪声和刮伤。为了使制动盘有适当的热容量和良好的散热性能，必须对其结构和厚度给予充分的考虑。制动盘的结构分为实心型和通风型两种，后者可降低温升20%～30%。

（4）盘式制动器与鼓式制动器的对比

盘式制动器的优点：

①一般无摩擦助势作用，因而制动器效能受摩擦因数的影响较小，即效能较稳定。

②进水后效能降低较少，而且只需经1～2次制动即可恢复正常。

③在输出制动力矩相同的情况下，其尺寸和质量比鼓式制动器小。

④制动盘沿厚度方向的热膨胀量极小，不会像制动鼓那样使制动器间隙明显增加而导致制动踏板行程过大。

⑤较容易实现间隙自动调整，其他维护、修理作业也比较简单。

盘式制动器的缺点：

①制动效能较低，故用于液压制动系统使所需制动促动管路压力较高，一般要求伺服助力装置。

②兼用于驻车制动时，需要加装的驻车制动传动装置较鼓式制动器复杂，因而在后轮上的应用受到限制。

四 技能考核标准

技能考核标准表见表8-1。

技能考核标准表 表8-1

序号	作业内容	评分标准	配分	得分
1	安全防护	车辆维护作业安全与防护	5分	
2	制动钳拆卸	未正确选用工具扣3分,拆卸方法错误扣3分,拆卸后安放不规范扣4分	10分	
3	制动钳托架拆卸	拆卸前未检查螺栓漆标2分,未正确选用工具扣2分,拆卸方法错误扣2分,拆卸后安放不规范扣2分	8分	
4	制动盘外观检查	清洁目测划痕、磨损不均匀扣2分,内外侧各2分	4分	
5	制动盘厚度测量	锥垫未安装扣2分,未交替预紧轮胎螺母扣2分,测量点标志错误扣2分,游标卡尺未清洁自检扣2分,千分尺未清洁自检扣2分,千分尺使用不规范扣2分,数值读取错误扣2分	14分	
6	制动盘跳动量测量	测量点标志未均分扣2分,百分表未清洁自检扣2分,磁性表座未清洁扣2分,磁性表座组装错误扣2分,测量时预压量错误扣2分,制动盘未旋转2圈以上扣3分,未找到最低点后调零扣3分	16分	
7	制动盘拆卸	未固定制动盘拆卸扣3分,工具使用错误扣2分	5分	
8	制动盘安装	新旧制动盘未进行尺寸对比扣2分,安装前未清洁凸缘盘锈蚀扣2分,安装错误扣2分,安装后未对制动盘进行跳动量检测扣2分	8分	

续上表

序号	作 业 内 容	评 分 标 准	配分	得分
9	制动钳托架安装	未带牙纹紧固扣2分,未交替紧固螺栓扣2分,未按标准力矩紧固扣2分	6分	
10	制动摩擦片安装	安装方向错误扣2分,内外片安装错误扣2分	5分	
11	制动钳的安装	制动软管扭结扣3分,未按标准力矩紧固扣2分	5分	
12	制动盘复位检查	关闭发动机,踩制动踏板至坚实有力得3分,拖滞检查正确得3分,制动液位检查调整无误得3分	9分	
13	7S作业	工具场地设备7S作业	5分	
总分			100分	

学习任务9 底盘其他检查

学习目标

知识目标

1.能说出汽车底盘的组成;

2.能说出汽车底盘检查工作的方法与内容;

3.学会汽车底盘检查项目的判断方法。

技能目标

1.能完成汽车底盘的检查维护;

2.熟练掌握底盘其他检查的各操作项目。

建议课时

6课时

任务描述

此学习任务是汽车定期维护中底盘维护项目之一。车辆受到行驶时间和使用条件的影响,底盘会受到磨损、老化、腐蚀等而降低性能。通过实施定期维护,确保顾客满意和放心。

此学习任务的内容包括:

(1)制动系统(真空制动助力器、制动踏板的行程、制动踏板的自由行程、驻车制动器)的检查。

(2)转向系统(转向柱的倾斜调整及锁止、转向盘和转向柱松动、转向盘摆动及异响、左右转向横拉杆防尘罩有无损坏)的检查。

(3)传动系统(自动变速器操纵杆、变速器各部位接合面有无漏油、变速器各油封有无漏油、左右两侧半轴护套外侧有无损坏、左右两侧半轴护套内侧有无损坏)的检查。

(4)行驶系统(车轮轴承有无损坏、左右前减振器有无损坏、稳定杆有无损坏;稳定杆左右两侧连杆有无损坏;左右后减振器有无损坏)的检查。

一 理论知识准备

底盘是汽车三大部件之一,发动机输出功率后最终作用于底盘上,驾车时所有的操控性也都作用在底盘上。因此,拥有一个好的底盘尤为重要。

汽车底盘是一个统称,主要是由四大系统,即传动系统、行驶系统、制动系统和转向系统四部分组成。底盘的作用是支承、安装汽车发动机及其各部件、总成,构成汽车的整体造型,并接受发动机的动力,使汽车产生运动,保证正常行驶。

传动系统主要由离合器(或变矩器)、变速器、万向传动装置和驱动桥组成,具有减速、变速、倒车、中断动力、轮间差速和轴间差速等功能。

行驶系统主要由车架、车桥、车轮和悬架等组成。它的作用是接受传动系统传来的发动机转矩并产生驱动力用来驱动汽车行驶。

转向系统主要由转向操纵机构、转向器、转向传动机构组成。汽车行驶过程中,经常需要改变行驶方向,即所谓的转向。

制动系统是使汽车的行驶速度可以强制降低的一系列专门装置,可以说是汽车上最重要的主动安全装置,其作用是:使行驶中的汽车按照驾驶员的要求进行强制减速甚至停车;使已停驶的汽车在各种道路条件下(包括在坡道上)稳定驻车;使下坡行驶的汽车速度保持稳定。

二 任务实施

❶ 准备工作

(1)将实训车辆平稳停放在实训区域。

(2)检查实训室的通风及防火系统设备工作是否正常。

(3)准备头灯、前格栅布和翼子板布、升车垫块、举升机等教学用具。

❷ 技术要求与注意事项

(1)在操作开始前,检查好所有的设备并准备好工具。

(2)检查变速器、半轴护套时,如发现有油液迹,应用纱布擦除后,路试一段距离后再确认是否存在泄漏现象。

(3)使用钢直尺测量制动踏板前,应检查钢直尺有无弯曲、刻度是否清楚。

❸ 操作步骤

1)安全防护

安全防护请参考项目一的工作内容。

2)检查制动器踏板

(1)起动发动机,连续踩制动器踏板数次(3次以上),检查制动器踏板有无松旷和异响。图9-1所示为踩踏制动踏板。

注意:起动发动机可以使制动踏板被踩踏得更深,有助于彻底检查。

(2)将发动机熄火并关闭点火开关,连续踩动几次制动踏板使真空制动助力器完全泄放真空,再以紧急制动的方式踩下制动踏板,检查制动踏板有无绵软、行程过大、坚实后又轻微下降、缓慢回弹等现象。图9-2所示为关闭点火开关。

注意:检查前必须先对真空制动助力器进行泄放。

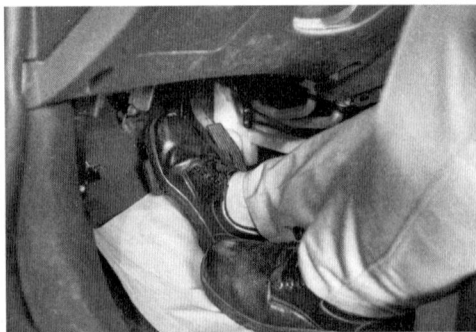

图9-1　踩踏制动踏板

图9-2　关闭点火开关

3）检查制动踏板的行程

（1）关闭点火开关，将制动助力器完全泄放真空后，采用紧急制动的方式踩踏制动踏板，用1000mm钢直尺测量制动踏板到转向盘轮缘的距离并记录。图9-3和图9-4所示分别为制动踏板行程测量图和制动踏板行程记录图。

注意： 测量时，制动踏板必须踩到底且不能放松。

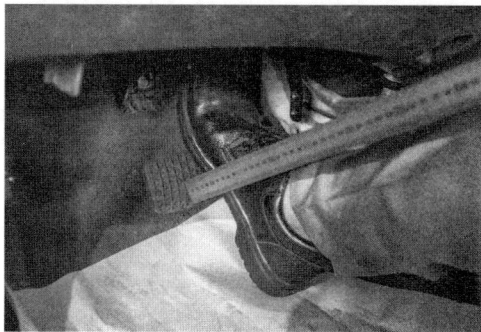

图9-3　施加制动力的制动踏板行程测量　　　图9-4　制动踏板行程记录

（2）松开制动踏板后，再次重复上述步骤，对两次测到的数值进行平均，并记录。

（3）松开制动踏板，不要对制动踏板施加任何的力，用1000mm钢直尺测量制动踏板到转向盘轮缘的距离，并记录。图9-5所示为未施加制动力的制动踏板行程测量。

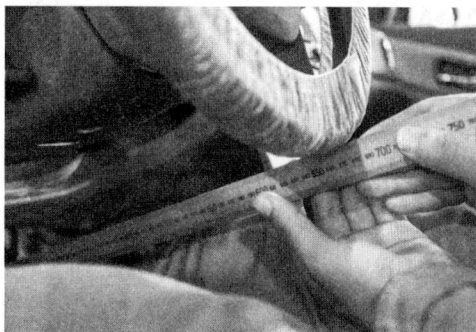

（4）用施加制动时的平均测量值减去未施加制动力时的初始测量值，所得差值即为制动踏板的行程。

4）检查制动踏板的自由行程

（1）关闭点火开关，将制动助力器完全泄放真空后，用手指轻轻按动制动踏板，当手按下去的阻力突然增大时停住不动，用1000mm钢直尺测量制动踏板到转向盘轮缘的距离，并记录。图9-6所示为制动踏板自由行程测量。

（2）用上述测得的值减去未施加任何制动力时的初始测量值，所得差值即为制动踏板的自由行程距离。

注意： 在此阶段制动器不工作，只是消除制动传动机构的间隙。制动踏板自由行程是为保证不发生制动拖滞，彻底解除制动而设置的。

5）检查制动助力器的密封性

（1）起动发动机并运转1min后熄火，按照紧急制动的方式以5s的间隔踩制动踏板，检查制动踏板，此时踏板应一次比一次高。

（2）再次起动发动机并运转1min后，踩下制动踏板数次，并在踏板的最低位置保持不动。此时再将发动机熄火,检查在之后的30s内制动踏板高度能否保持不变且无回弹现象。

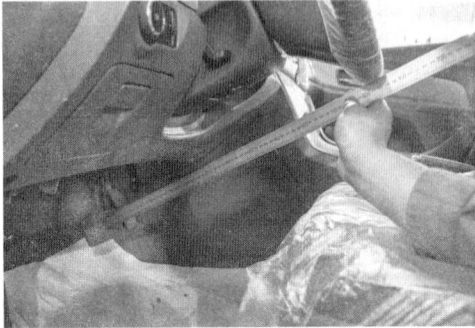

图9-5　未施加制动力的制动踏板
　　　　行程测量

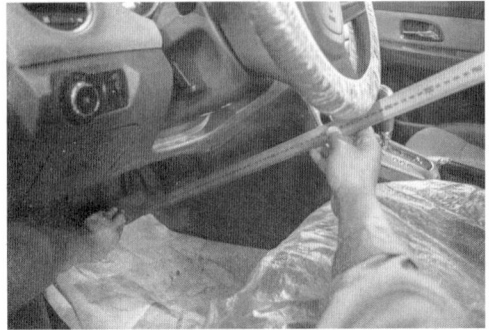

图9-6　制动踏板自由行程测量

6)检查制动助力器的助力能力

(1)发动机熄火后,踩下制动踏板数次,并在制动踏板的最低位置保持制动踏板不动。

(2)起动发动机,检查此时的制动踏板能否稍有下沉(但不应过大)。

注意:如果能下沉,表明制动助力器有助力作用。

7)检查转向柱的倾斜调整及锁止情况

将转向盘分别置于轴向上、下极限位置,调整转向盘做纵向上下运动,并且分别在上、下极限位置时锁止,检查转向盘调整是否正常,锁止是否牢靠。图9-7和图9-8所示分别为调整转向盘上下位置和检查转向盘锁止牢靠情况。

注意:转向盘轴向伸缩至上下极限时,不要发生金属撞击。

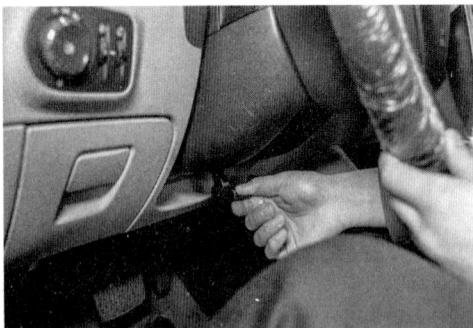

图9-7　调整转向盘上下位置

图9-8　检查转向盘锁止牢靠情况

8)检查转向盘和转向柱有无松动

将转向盘分别置于轴向上、下极限位置并锁止,检查转向盘在轴向、纵向、横向拉拽时有无松旷。图 9-9 所示为检查转向盘松旷情况。

注意：此步骤可穿插在检查转向盘倾斜调整及锁止的两步骤之间，以节约时间。

9）检查转向盘转动时有无摆动及异响

在向前正中位置，分别向左和向右转动 360°，检查转向盘转动时有无摆动及异响。图 9-10 所示为向左转向检查有无摆动和异响。

注意：转动时要确认转向柱已经锁止牢靠。

图 9-9 检查转向盘松旷情况

图 9-10 向左转向检查有无摆动和异响

10）检查驻车制动器

（1）将点火开关置于 ON 位置，拉起驻车制动器开关，细听有驻车制动器动作的声音，检查驻车制动器指示灯工作状态，此时应点亮。图 9-11 所示为驻车制动指示灯点亮画面。

（2）按下驻车制动器开关以释放，细听有驻车制动器动作的声音，检查驻车制动指示灯工作状态，此时应熄灭。图 9-12 所示为驻车制动指示灯熄灭画面。

注意：如果释放驻车制动器后指示灯继续闪烁，则表明电子驻车制动系统或其他系统有故障。

图 9-11 驻车制动指示灯点亮画面

图 9-12 驻车制动指示灯熄灭画面

11)检查左前减振器阻尼状态

(1)双手按在左前侧车身处,用力往下按,使减振器受压。图9-13所示为按压左前减振器。

注意:在按压时要慢慢均匀用力压在加强筋处,不要用冲击力,以防止车身变形。

(2)按下以后迅速将手离开车身,让减振器缓冲直到其停止不动,然后往复操作两次即可。图9-14所示为放松左前减振器。

注意:通过上下摇动车身确定减振器的缓冲力大小,并且检查车身停止摇动需要的时间。也可以观察其振动次数,一般1~2次就可以停下。

图9-13　按压左前减振器

图9-14　放松左前减振器

12)检查右前减振器阻尼状态

右前减振器阻尼状态检查可参考左前减振器阻尼状态检查进行。

13)检查左后减振器阻尼状态

(1)双手按在左后侧车身处,用力往下按,使减振器受压。图9-15所示为按压左后减振器。

注意:在按压时要慢慢均匀用力压在加强筋处,不要用冲击力,以防止车身变形。

(2)按下以后迅速将手离开车身,让减振器缓冲直到其停止不动,然后往复操作两次即可。图9-16所示为放松左后减振器。

注意:通过上下摇动车身确定减振器的缓冲力大小,并且检查车身停止摇动需要的时间。也可以观察其振动次数,一般1~2次就可以停下。

14)检查右后减振器阻尼状态

右后减振器阻尼状态检查可参考左右减振器阻尼状态检查进行。

15)车辆举升工作

车辆举升工作请参考项目一的工作内容。

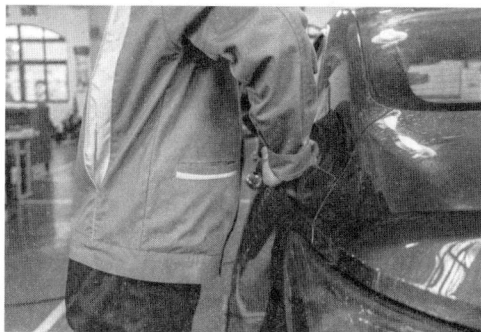

图9-15 按压左后减振器

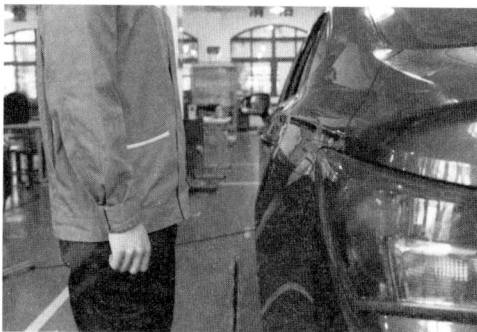

图9-16 放松左后减振器

将车辆举升至车轮与人胸口基本平齐的高度并锁止。图9-17所示为举升车辆至胸口高度。

16）检查左前、右前减振器

用双手去摸左前、右前减振器,并使用头灯检查是否有漏油、裂纹、凹痕、弯曲、变形等损坏。图9-18所示为检查前减振器。

注意: 检查减振器漏油等损坏情况时要求佩戴手套。

图9-17 举升车辆至胸口高度

图9-18 检查前减振器

17）检查车轮轴承（左前）

第一步:将一只手放在车轮左面,另一只手放在车轮右面,紧紧地推拉车轮检查是否有松旷,如图9-19所示。

注意: 在检查时,学员必须站在车轮的正前方。

第二步:将一只手放在车轮上面,另一只手放在车轮下面,紧紧地推拉轮胎检查是否有松旷,如图9-20所示。

注意: 出现摆动时,用制动踏压器压住制动踏板并再次检查。如果没有更大的摆动,表示是车轮轴承问题;如果仍然摆动,表明是球节、主销、悬架问题。

图 9-19　检查左前车轮轴承(一)

图 9-20　检查左前车轮轴承(二)

图 9-21　检查左前车轮转动状况和异响

18) 检查转动状况和异响(左前)

用手转动车轮。检查其是否能够无任何噪声地平稳转动。图 9-21 所示为检查左前车轮转动状况和异响。

注意:在检查噪声时,耳朵可侧向车轮来听噪声。

19) 检查车轮轴承(左后)松旷、转动情况和异响

可参考左前车轮轴承检查进行操作。

20) 检查车轮轴承(右后)松旷、转动情况和异响

可参考左前车轮轴承检查进行操作。

21) 检查车轮轴承(右前)松旷、转动情况和异响

可参考左前车轮轴承检查进行操作。

22) 车辆举升工作

车辆举升工作请参考项目一的工作内容。继续举升车辆,待举升高度到达过人头顶 10cm 时可以停止举升。

23) 检查变速器各部位接合面有无漏油

佩戴头灯及白色棉纱布手套,用双手去触摸变速器机体之间配合表面、变速器油加注螺栓和排油螺栓,检查是否有漏油的现象。如果漏油,可以先用纱布把漏油表面擦干净,过一段时间再检查确认是否漏油。图 9-22 所示为检查接合面漏油情况。

注意:由于车辆底部较暗,目视检查时要用头灯或者手电筒照明。戴手套则可以防止烫伤,而且利于检查。

24) 检查变速器各油封有无漏油

用双手去触摸变速器左侧半轴油封和右侧半轴油封,检查是否有漏油的现

象。如果漏油,可以先用纱布把漏油表面擦干净,过一段时间再检查确认是否漏油。图9-23所示为检查半轴油封漏油情况。

注意:由于车辆底部较暗,目视检查时要用头灯或者手电筒照明。戴手套则可以防止烫伤,而且利于检查。

图9-22　检查接合面漏油情况

图9-23　检查半轴油封漏油情况

25)检查左半轴防护套和左转向横拉杆防尘套

(1)首先用双手将前轮(驱动轮)拨向最右边,拨开左半轴防护套检查有无泄漏、裂纹和其他损坏。然后转动左驱动轮,再检查一次。共需转三次,检查三次,每次都需拨开检查。图9-24和图9-25所示分别为拨动前轮至最右和检查左半轴防护套。

注意:①转动三次之和必须大于一圈。

②检查两个护套卡箍,确保其已经正确安装并且没有损坏。

③由于车辆底部较暗,目视检查时要用头灯或者手电筒照明。戴手套可以防止烫伤,而且利于检查。

图9-24　拨动前轮至最右

图9-25　检查左半轴防护套

(2)用手拨开左转向横拉杆防尘套,检查有无漏油、裂纹和其他损坏。图9-26所示为检查左横拉杆防尘套。

注意：①检查两个防尘套卡箍，确保其已经正确安装并且没有损坏。

②由于车辆底部较暗，目视检查时要用头灯或者手电筒照明。戴手套则可以防止烫伤，而且利于检查。

26）检查右半轴防护套和右转向横拉杆防尘套

可参考左半轴防护套和左转面横拉杆防尘套进行操作。

27）检查前悬架稳定杆及连杆

（1）目视检查前悬架稳定杆有无变形和裂纹，然后用手摸并轻轻地轴向晃动，检查安装是否牢靠、有无其他损坏。图9-27为检查前悬架稳定杆。

注意：轴向晃动稳定杆，应无轴向移动量。

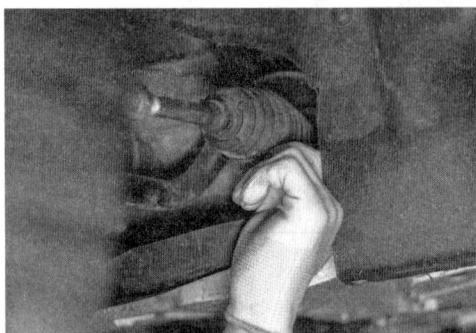

图9-26　检查左横拉杆防尘套

图9-27　检查前悬架稳定杆

（2）目视检查稳定杆左侧连杆有无变形和裂纹，上球节防尘套有无裂纹和损坏，下球节防尘套有无裂纹和损坏，轻轻晃动检查有无松旷和其他损坏。图9-28所示为检查稳定杆左侧连杆。

（3）目视检查稳定杆右侧连杆有无变形和裂纹，上球节防尘套有无裂纹和损坏，下球节防尘套有无裂纹和损坏，轻轻晃动检查有无松旷和其他损坏。图9-29所示为检查稳定杆右侧连杆。

注意：由于车辆底部较暗，目视检查时要用头灯或者手电筒照明。

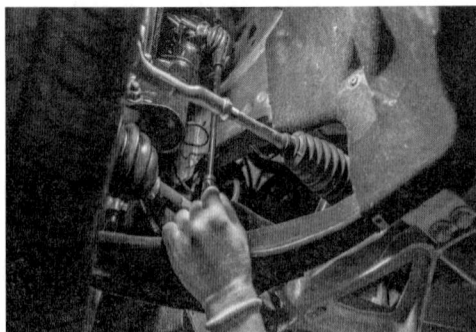

图9-28　检查稳定杆左侧连杆

图9-29　检查稳定杆右侧连杆

28）检查后悬架减振器

（1）目视检查左后减振器有无变形和刮伤，双手从上向下慢慢检查减振器有无漏油和其他损坏。图9-30所示为检查左后减振器。

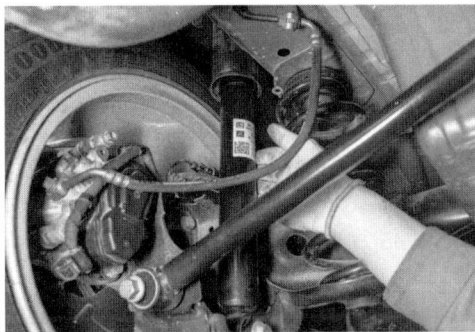

（2）目视检查右后减振器有无变形和刮伤，双手从上向下慢慢检查减振器有无漏油和其他损坏。图9-31所示为检查右后减振器。

注意：如果漏油，可以先用纱布把漏油表面擦干净，过一段时间再检查确认是否漏油。

图9-30　检查左后减振器　　　　　　图9-31　检查右后减振器

三　学习拓展

在二手车市场上，判断车辆的成色好坏，看底盘是最直观的判断标准之一。那么汽车底盘是怎样被损坏的呢？

（1）一般在夏天，太阳对地面的烘烤、雨水的侵袭以及大气中的潮气、盐分等都会侵蚀车底，使车辆底盘老化。现在许多城市道路处于修建状态中，路面沙石较多，这些沙石的不断撞击，会使底盘的防锈漆被破坏，从而使金属裸露在底盘表面，很快就与水分直接接触发生氧化而生锈。

（2）底盘损坏影响全车架构。对于汽车来说，底盘能确保车辆和驾乘人员的安全。一般新车出厂时都会喷涂防锈底漆，但一段时间后底漆还是会慢慢氧化。一旦底盘零部件生锈腐蚀，就会导致整车的架构松动，带来安全隐患，而很多交通事故都由底盘松动所导致。有些生产厂家会给汽车发动机加装底盘护板，车主可以根据需求进行选装。

（3）底盘的日常养护。汽车众多的养护项目中，底盘护理最容易被驾驶员忽视，但在冬季或湿滑天气时，底盘维护的重要性就很明显。如果驾驶员经常长途驾驶或到工地等地方，就要经常冲刷底盘，彻底做底盘清洗及防锈处理。对于底盘的清洗,驾驶员一般很难自行完成,如果底盘上的污泥过多,还要用去油污的清洁剂清洗一遍。在日常的洗车当中,注意不要用碱性清洗剂、洗衣粉等冲洗车身和底盘,否则会影响防锈效果并缩短防锈时间。

（4）为底盘加一层保护膜。小心保护底盘,除了定期检查之外,还可以为爱车进行底盘装甲的施工。并非所有的车辆都需要做底盘装甲,譬如经常行驶于较好公路的汽车就可以不装。一般来说,底盘装甲的施工过程要求较高。首先,工作人员会卸下轮胎、制动摩擦片等一些底盘附件,对车辆底部进行彻底清洗;将底盘的残留杂质洗干净之后,工作人员会吹干底盘的水迹,然后对底盘喷涂具备弹性的塑料材质,从而保护底盘。底盘装甲对专业的要求非常高,因此,车主要选择正规的服务店。

四 技能考核标准

技能考核标准表见表9-1。

技能考核标准表 表9-1

序号	作业内容	评分标准	配分	得分
1	安全防护	车辆维护作业安全与防护	5分	
2	检查制动器踏板工作时有无松旷和异响	起动发动机检查(未起动发动机扣2分)	4分	
3	检查并记录制动踏板的自由行程	制动踏板无变形、无损坏;踩下数次踏板泄放真空,行程不过大,无软绵,工况良好(不起动发动机),并记录自由行程,未记录扣2分	4分	
4	检查制动踏板踩下时的行程和感觉,检查并记录制动踏板的行程	清洁直尺、检查误差、检查刻度(未做扣2分),测量自由行程;释放驻车制动器,测量行程。必须泄放真空,否则扣2分	4分	
5	检查制动助力器的密封性	熄火后,踩制动踏板三次,踏板一次比一次高,密封可靠	4分	
6	检查制动助力器的助力能力	将点火开关置于ON挡,制动踏板下沉,助力泵电机工作正常;起动发动机,踏板下沉,助力可靠	4分	

续上表

序号	作业内容	评分标准	配分	得分
7	检查转向盘和转向柱有无松动	轴向(轴向伸缩至上下极限时，要求无金属撞击，否则一次扣2分)、纵向、横向拉拽无松旷	4分	
8	检查转向盘转动时有无摆动及异响	转向时拉动(左、右各360°，否则扣2分)	4分	
9	检查转向柱的倾斜调整及锁止情况	四个位置调整正常，锁止牢靠(未做锁止后检查扣2分)	4分	
10	检查驻车制动器电机工作情况	拉起、按下驻车制动器开关，能听到电机工作声音	5分	
11	检查驻车制动器指示灯的工作情况	拉起、释放驻车制动器，驻车制动指示灯能跟着点亮或熄灭	5分	
12	检查左前减振器有无漏油、变形、刮伤或其他损坏	左前减振器安装牢靠，无变形、无损坏、无漏油	5分	
13	检查右前减振器有无漏油、变形、刮伤或其他损坏	右前减振器安装牢靠，无变形、无损坏、无漏油	5分	
14	检查车轮轴承	未规范检查松旷程度扣2分，未规范检查异响扣2分	5分	
15	检查变速器各部位接合面有无漏油情况	变速器机体之间配合表面、变速器油加注螺栓和排油螺栓(检查不到位扣2分，未使用手电筒照明扣2分)	4分	
16	检查变速器各油封有无漏油情况	左侧半轴油封、右侧半轴油封(检查不到位扣2分)	4分	
17	检查左转向横拉杆防尘罩有无漏油、裂纹或损坏	左转向横拉杆防尘罩无漏油、无裂纹、无损坏(拨开检查)，夹箍1、2，确认安装部位正常	5分	
18	检查右转向横拉杆防尘罩有无漏油、裂纹或损坏	右转向横拉杆防尘罩无漏油、无裂纹、无损坏(拨开检查)，夹箍1、2，确认安装部位正常)	5分	

续上表

序号	作业内容	评分标准	配分	得分
19	检查稳定杆有无松旷、变形、裂纹或其他损坏	稳定杆无轴向移动量,安装牢靠(否则扣2分),无变形、无损坏	5分	
20	检查稳定杆左、右侧连杆有无松旷、变形、裂纹或其他损坏	稳定杆左、右侧连杆无松旷、无变形、无损坏,上球节防尘套、下球节防尘套无裂纹、无损坏(检查不到位扣2分)	5分	
21	检查左后、右后减振器有无漏油、变形、刮伤或其他损坏	左后、右后减振器安装牢靠,无变形、无损坏、无漏油	5分	
22	7S作业	工具场地设备7S作业	5分	
总分			100分	

项目四　车身电气检查与维护

学习任务 10　灯光检查

学习目标

⭐ 知识目标

1. 了解车辆灯光检查的重要性；

2. 学会判断汽车各个灯光是否正常。

⭐ 技能目标

1. 掌握汽车灯光的检查方法；

2. 正确掌握汽车各种灯光的开启和关闭方法；

3. 熟练掌握车辆灯光检查工作中的各个检查与操作项目。

建议课时

6 课时

任务描述

汽车灯光检查是汽车行驶 40000km 维护检查中的必做项目，汽车灯光能否正常工作将直接影响到汽车的行驶安全。

汽车灯光检查项目的内容包括：

（1）仪表盘指示灯（示廓灯、远光灯、左右转向灯、危险报警闪光灯）的检查。

（2）车内灯光（前部阅读灯、中部阅读灯）的检查。

（3）前部灯光（示廓灯、近光灯、远光灯、转向灯、侧面转向灯、转向灯开关的自动返回功能、前部危险报警闪光灯）的检查。

（4）后部灯光（后部危险报警闪光灯、后部示廓灯、牌照灯、制动灯、高位制动灯、倒车灯）的检查。

一　理论知识准备

（1）检查仪表盘指示灯时，打开车灯时相应的指示灯应点亮，但有些车辆没有近光灯的指示灯。

（2）检查阅读灯通过开关点亮、熄灭判断是否正常，结束后将开关置于DOOR位置。

（3）车辆灯光检查应在起动发动机后进行；根据闪光的使用情况，应在所有灯都不亮和近光灯点亮的两种条件下检查前照灯；应在后示廓灯点亮的情况下检查制动灯；为了安全检查，倒车灯放在灯光检查的最后，且要求发动机熄火后检查。

二　任务实施

❶ 准备工作

（1）将实训车辆平稳停放在实训区域。

（2）检查实训室的通风及防火系统设备工作是否正常。

（3）准备车内三件套、车轮挡块等教学用具。

❷ 技术要求与注意事项

（1）在操作开始前，检查好所有的设备并准备好工具。

（2）检查车辆外部灯光时，技师要在驾驶室内操作开关且目视检查相应指示灯的工作情况，最后检查外部车身目视检查各灯工作情况。

（3）检查制动灯需要一名辅助技师踩制动踏板；检查倒车灯时，为了安全起见，需将发动机熄火后进行检查。

❸ 操作步骤

1）检查仪表盘指示灯

将点火开关旋至ON位置后，检查所有的指示灯是否正常亮起（充电指示灯、发动机故障指示灯、机油压力警告灯等),起动发动机后,检查仪表盘指示灯是否熄灭。由于不同型号的指示灯熄灭方式不同,故有些灯则不会熄灭(安全带指示灯、驻车制动指示灯等)。图 10-1 所示为仪表盘指示灯检查。

注意:如果点火开关钥匙不能旋转,则说明转向盘被锁住,此时可边转动转向盘边转钥匙。

2)检查前部阅读灯

将两盏前部阅读灯开关按下,检查能否正常点亮。再按一下即可关闭。图 10-2 所示为前部阅读灯检查。

注意:此灯位于车辆的前方中间位置,有驾驶侧和副驾驶侧两盏。

图 10-1　仪表盘指示灯检查

图 10-2　前部阅读灯检查

3)检查中部阅读灯

(1)将中部阅读灯开关置于 ON 位置,检查灯能否正常点亮。将开关置于 OFF 位置,检查灯能否正常熄灭。图 10-3 所示为中部阅读灯检查。

(2)检查完之后将中部阅读灯开关置于 DOOR 位置,以便检查门控灯。图 10-4 所示为将开关置于 DOOR 位置。

注意:一定要确认开关在 DOOR 位置,否则会引起后面门控灯检查的误操作。

图 10-3　中部阅读灯检查

图 10-4　将开关置于 DOOR 位置

4)检查示廓灯

(1)确认点火开关处于 ON 位置,将灯光组合开关顺时针旋动一挡,检查仪表盘上示廓灯是否点亮。图 10-5 所示为打开示廓灯。

(2)检查车外前部示廓灯和后部示廓灯是否正常点亮。图10-6 所示为前部示廓灯点亮。

注意:可借助镜子来观察车外的灯是否点亮。

图10-5　打开示廓灯

图10-6　前部示廓灯点亮

5)检查前照灯近光

(1)起动发动机,将灯光组合开关顺时针旋动两挡。在示廓灯打开的前提下,只要再将灯光组合开关顺时针旋动一挡即可。图10-7 所示为前照灯近光开关位置。

(2)检查车外部前照近光灯是否正常点亮。图10-8 所示为前照灯近光点亮。

注意:检查近光灯时,必须起动发动机,且起动机起动持续时间不能超过5s,两次起动间隔应在15s以上。

图10-7　前照灯近光开关位置

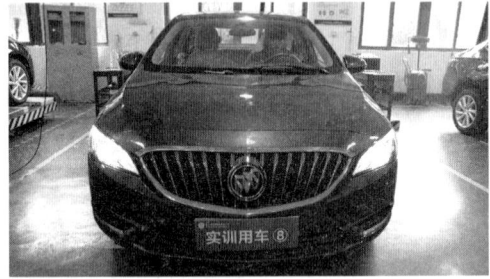

图10-8　前照灯近光点亮

6)检查前照灯远光

(1)将变光器开关向下压一下,检查仪表板上的远光灯指示灯是否正常点亮。图10-9 所示为压下变光器开关。

注意:检查远光灯,必须起动发动机。变光器开关位于转向盘左侧下方。

(2)检查车外前照远光灯是否正常点亮。图10-10 所示为前照灯远光点亮。

图 10-9　压下变光器开关

图 10-10　前照灯远光点亮

7)检查前照灯闪光

(1)将变光器开关由下往上拉起,重复操作两次,检查仪表盘上的远光灯指示灯是否正常闪烁两次。图 10-11 所示为拉起变光器开关。

注意:检查远光灯时,必须起动发动机。如果起始位置为远光灯点亮,则向上拉起变为远光灯熄灭。

(2)检查车外前照灯是否能够正常地在近光灯和远光灯之间切换。

注意:变光器开关拉起以后远光灯点亮,近光灯熄灭。松手后远光灯熄灭,近光灯点亮。

8)检查转向灯(含侧面)

(1)将变光器开关向左边拨动,检查

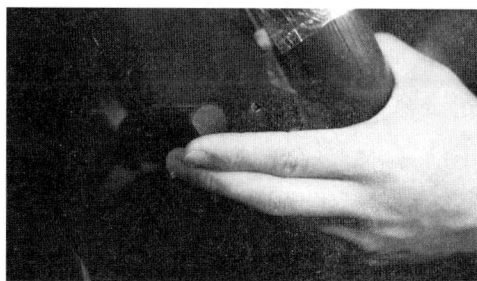

图 10-11　拉起变光器开关

仪表板上的左转向指示灯是否正常闪烁。图 10-12 所示为向左拨动变光器开关。

注意:检查转向灯的闪烁频率应该和车外转向灯的闪烁频率一致。

(2)检查车外前部、中部和后部左转向灯能否同时闪烁。图 10-13 所示为左转向灯闪烁。

注意:如果有一个转向灯损坏了,其余两盏转向灯的闪烁频率会加快。

图 10-12　向左拨动变光器开关

图 10-13　左转向灯闪烁

(3)将变光器开关向右边拨动,检查仪表板上的右转向灯是否正常闪烁。图 10-14 所示为右转向灯闪烁。

(4)检查车外前部、中部和后部右转向灯能否同时闪烁。图 10-15 所示为右后转向灯闪烁。

图 10-14　右转向灯闪烁

图 10-15　右后转向灯闪烁

9)检查转向信号多功能开关的自动返回功能

(1)将车辆方向置于水平正前方位置,转向盘保持在正中间位置,然后将变光器开关向左打,左转向灯和指示灯闪烁。图 10-16 所示为将车辆方向置于水平正前方。

(2)双手平握转向盘,向左转动转向盘约 90°,接下来将转向盘转到水平位置。检查左转向灯和指示灯能否正常熄灭。图 10-17 所示为向左转动转向盘 90°。

图 10-16　将车辆方向置于水平正前方

图 10-17　向左转动转向盘 90°

(3)将变光器开关向右打,右转向灯和指示灯闪烁。图 10-18 所示为打开右转向灯。

(4)双手平握转向盘,向右转动转向盘约 90°,接下来将转向盘转到水平位置。检查右转向灯和指示灯能否正常熄灭。图 10-19 所示为向右转动转向盘 90°。

图 10-18 打开右转向灯

图 10-19 向右转动转向盘 90°

10）检查危险报警闪光灯

（1）用手按下红色三角形的危险报警闪光灯按钮，检查左右转向指示灯能否同时正常闪烁。图 10-20 所示为按下危险报警闪光灯按钮。

注意：危险报警闪光灯指示灯与左转向右转向指示灯相同。

（2）检查左转向和右转向所有的转向灯能否同时正常闪烁。图 10-21 所示为危险报警闪光灯闪烁。

注意：危险报警闪光灯是一种提醒其他车辆与行人注意本车发生了特殊情况的信号灯。

图 10-20 按下危险报警闪光灯按钮

图 10-21 危险报警闪光灯闪烁

11）检查牌照灯

将灯光组合开关顺时针旋动一挡，检查牌照灯是否点亮。图 10-22 所示为牌照灯点亮。

注意：可以同时检查牌照灯和示廓灯。

12）检查制动灯

用力踩下制动器踏板，检查制动灯能否正常点亮。图 10-23 和图 10-24 所示分别为踩下制动踏板和制动灯点亮。

注意：高位制动灯应同时亮起。

图 10-22 牌照灯点亮

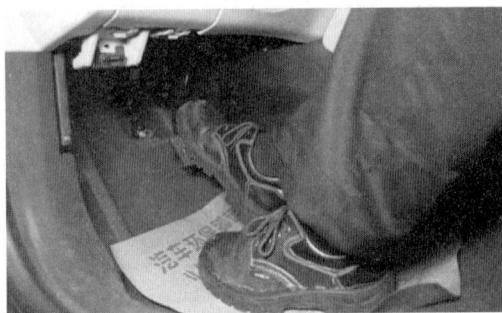

图 10-23　踩下制动踏板

图 10-24　制动灯点亮

13）检查倒车灯

踩下制动踏板，将变速器操纵杆置入 R 挡，检查倒车灯能否正常点亮。图 10-25 和图 10-26 所示分别为将变速器操纵杆置入 R 挡和倒车灯点亮。

注意：检查倒车灯时，发动机应处于熄火状态，以防安全隐患。

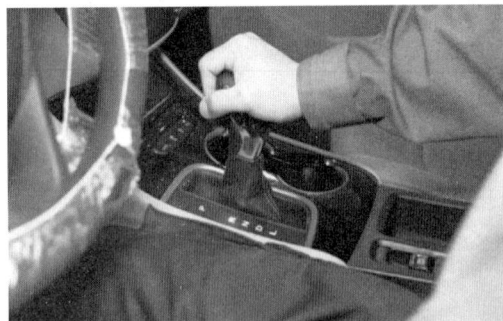

图 10-25　将变速器操纵杆置入 R 挡

图 10-26　倒车灯点亮

14）检查后雾灯

将灯光组合开关旋动一挡，按下后雾灯开关，然后观察后雾灯是否正常点亮。图 10-27 和图 10-28 所示分别为后雾灯开关打开位置和后雾灯点亮。

图 10-27　后雾灯开关打开位置

图 10-28　后雾灯点亮

三　学习拓展

在路灯或者其他照明较好的道路上行车时不应开启远光灯。开启远光灯的车辆应在会车前150m之外切换至近光灯。

如何正确使用汽车灯光呢?

(1)放慢车速:夜晚视线不好,放慢车速永远要比开启远光更加有助于安全。

(2)尽可能少使用远光灯。如今城市照明设施比较丰富,夜晚也很难遇到漆黑一片的道路,在这样的路况下行车,尽量不使用远光灯。

(3)必要时,远、近光灯可以交替使用。在一些照明情况不佳的道路中行驶,为了不对对向来车造成影响,远光灯可以伴随近光灯交替使用,对向有来车时应及时切换。

(4)经常检查自己的灯光状态。当遇到对面来车频繁切换灯光照射本车时,应当检查本车的远光灯是否在无意中开启。

(5)大雾天气禁用远光灯,因为此时空气透明度较差,灯光会在空气中形成漫反射效果,不仅不会让驾驶员看得更远,反而会加大对来车的影响。

(6)对于SUV车型,如果可以调节大灯高度,应尽量调节。不少SUV车型由于车身较高,即便开启近光灯也会对来车造成一些类似于远光灯的视觉影响。建议对于经常在城市中驾驶SUV车型的驾驶员,如果车辆有前照灯调节功能,应尽量将前照灯角度调低,以尽可能避免干扰其他车辆。

(7)如果对方开了远光灯,本车也可以用远、近光灯转换来提醒对方车辆关闭远光灯。

四　技能考核标准

技能考核标准表见表10-1。

技能考核标准表　　表10-1

序号	作业内容	评分标准	配分	得分
1	安全防护	车辆维护作业安全与维护	5分	
2	检查前部阅读灯	左、右阅读灯检查各3分	6分	
3	检查中部阅读灯的工作情况,检查完毕后将开关置于DOOR位置	左、右阅读灯检查各3分,未置于DOOR位置扣2分,扣完为止	6分	

续上表

序号	作业内容	评分标准	配分	得分
4	检查前部示廓灯的工作情况	内部检查3分,外部检查3分	6分	
5	检查前照灯近光的工作情况	内部检查3分,外部检查3分,未起动发动机扣2分,扣完为止	6分	
6	检查前照灯远光及其指示灯的工作情况	内部检查3分,外部检查3分,未起动发动机扣2分,扣完为止	6分	
7	检查前照灯闪光及远光指示灯的工作情况	内部检查3分,外部检查3分,未起动发动机扣2分,扣完为止	6分	
8	检查前部转向灯(含侧面)及其指示灯的工作情况	内部检查3分,外部检查3分	6分	
9	检查转向信号/多功能开关的自动返回功能	内部检查3分,外部检查3分	6分	
10	检查前部危险报警闪光灯(含侧面)及其指示灯的工作情况	内部检查3分,外部检查3分	6分	
11	检查后部示廓灯的工作情况	内部检查3分,外部检查3分	6分	
12	检查后部转向灯的工作情况	内部检查3分,外部检查3分	6分	
13	检查后部危险报警闪光灯及其指示灯的工作情况	内部检查3分,外部检查3分	6分	
14	检查牌照灯的工作情况	内部检查3分,外部检查3分	6分	
15	检查制动灯(含高位)的工作情况	内部检查3分,外部检查3分	6分	
16	检查倒车灯的工作情况	内部检查3分,外部检查3分,要求发动机熄火,否则扣2分,扣完为止	6分	
17	7S作业	工具场地设备7S作业	5分	
总分			100分	

学习任务 11　车窗与门锁检查

学习目标

⭐ **知识目标**

1. 能说出车窗、发动机舱盖、车门、行李舱门的检查方法与内容；
2. 学会车窗、发动机舱盖、车门、行李舱门的故障判断方法。

⭐ **技能目标**

1. 能掌握汽车车窗的检查方法；
2. 能掌握汽车门锁的检查方法；
3. 能熟练掌握本任务中的各个检查与操作项目。

建议课时

8 课时

任务描述

车辆定期维护中车窗与门锁检查项目的内容包括：

（1）汽车车窗和天窗的检查（检查左前玻璃一键上升、下降是否正常，检查右前玻璃一键下降是否正常，检查四扇车窗玻璃是否能升能降，检查用分开关是否能操作三扇车窗玻璃升降，检查天窗打开或关闭开关是否正常，检查天窗升起或闭合开关是否正常）。

（2）发动机舱盖和行李舱门的检查（检查发动机舱盖铰链有无松动、检查发动机舱盖锁和微开开关的工作情况、检查行李舱门铰链有无松动、检查行李舱照明灯是否点亮、检查行李舱门锁和微开指示灯的工作情况）。

(3)汽车车门的检查(检查汽车车门门锁和微开指示灯的工作情况、检查门控灯是否正常工作、检查汽车车门指示灯是否正常工作、检查车门铰链是否松动和异响)。

一 理论知识准备

(1)驾驶员车门上的开关应能控制所有车窗;各乘客车门开关应能控制相应的乘客侧车窗;向下按开关应能降下车窗,向上拉开关应能升起车窗。

(2)车门锁扣应无松动;用手指将锁钩上锁,拉动车门内把手,锁钩应回弹自如;用手指将锁钩上锁,拉动车门外把手,锁钩应回弹自如;上下晃动外把手应无松旷,拉出外把手应伸缩自如;轻轻关闭车门检查车门一级锁应锁止可靠,此时中部阅读灯和仪表盘上的车门未关好指示灯应点亮;关闭车门检查车门二级锁应锁止牢靠,此时中部阅读灯和仪表盘上的车门未关好指示灯应熄灭,说明车门微开开关工作正常。

(3)打开行李舱门,照明灯应点亮,拉动锁扣应无松动;目视仪表盘指示灯应点亮,关闭行李舱门,指示灯应熄灭;用力上提行李舱应锁止牢靠。

(4)拉起发动机舱盖锁钩,往上提,应锁止可靠,观察发动机舱盖微开开关是否工作正常,用力按下发动机舱盖,上锁后上提,应锁止牢靠,说明发动机舱盖锁工作正常。

二 任务实施

❶ 准备工作
(1)将实训车辆平稳停放在实训区域。
(2)检查实训室的通风及防火系统设备工作是否正常。
(3)准备车内三件套、一字螺丝刀、车轮挡块等教学用具。

❷ 技术要求与注意事项
(1)在操作开始前,检查好所有的设备并准备好工具。
(2)车内三件套(地板垫、座椅套、转向盘套)的安装方法要正确。
(3)驾驶员车门上的开关可以控制所有车窗;各乘客车门开关仅可控制相应的乘客侧车窗。
(4)检查发动机舱盖和行李舱门时,应注意观察仪表盘的指示灯显示情况,并检查发动机舱盖微开开关的工作情况。
(5)检查车门时,应注意观察门控灯和仪表盘指示灯的点亮情况,并检查各扇车门的微关开关情况。

⚙ 操作步骤

1)安全防护

安全防护请参考项目一的工作内容。

2)检查玻璃升降主控制开关(左前)

(1)快速点按左前玻璃升降主控制开关按钮,观察其能否正常下降,细听有无噪声。

(2)快速点拉左前玻璃升降主控制开关按钮,观察其能否正常上升,细听有无噪声。图 11-1 所示为检查左前车窗主控制玻璃升降功能是否正常。

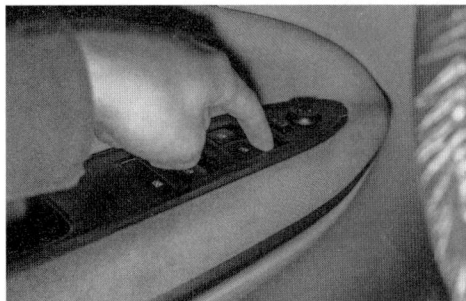

3)检查玻璃升降主控制开关(右前)

(1)快速点按右前玻璃升降主控制开关按钮,观察其能否正常下降,细听有无噪声。

(2)保持拉起右前玻璃升降主控制开关按钮,观察其能否正常上升,细听有无噪声。图 11-2 所示为检查右前车窗主控制玻璃升降功能是否正常。

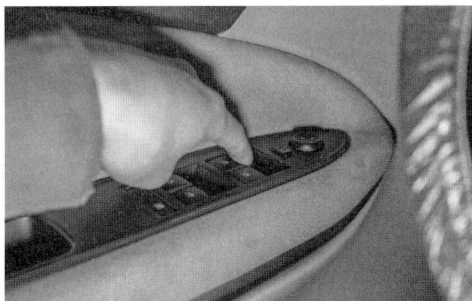

图 11-1　检查左前车窗主控制玻璃升降
　　　　　功能是否正常

图 11-2　检查右前车窗主控制玻璃升降
　　　　　功能是否正常

4)检查玻璃升降主控制开关(左后)

(1)快速按下左后玻璃升降主控制开关按钮,观察其能否正常下降,细听有无噪声。

(2)保持拉起左后玻璃升降主控制开关按钮,观察其能否正常上升,细听有无噪声。图 11-3 所示为检查左后车窗主控制玻璃升降功能是否正常。

5)检查玻璃升降主控制开关(右后)

可参照左右玻璃升降主控制开关检查进行操作。

6)检查玻璃升降分开关(右前)

(1)保持按下右前玻璃升降分开关按钮,观察其能否正常下降,细听有无噪声。

(2)保持拉起右前玻璃升降分开关按钮,观察其能否正常上升,细听有无噪声。图 11-4 所示为检查右前玻璃升降分开关。

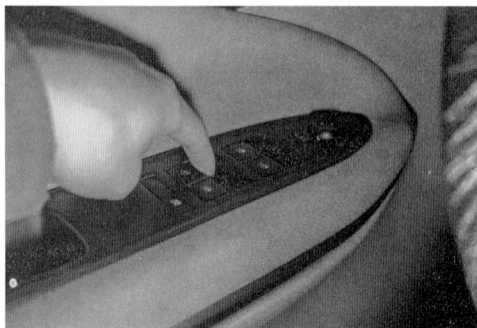

图 11-3　检查左后车窗主控制玻璃升降　　　　图 11-4　检查右前玻璃升降分开关
　　　　　　功能是否正常

7)检查玻璃升降分开关(左后)

可参照右前玻璃升降分开关检查进行操作。

8)检查玻璃升降分开关(右后)

可参照右前玻璃升降分开关检查进行操作。

9)检查后窗锁开关

(1)按下开关以激活后窗锁。当该功能启用时,指示灯将点亮。

(2)再次按下,以停用后窗锁。

10)检查天窗打开或关闭开关

(1)轻按按钮到第一挡,天窗会随开关的操作打开或关闭。

(2)按下按钮到第二挡,然后松开,天窗在安全功能激活的情况下自动打开或关闭。如要停止移动,再操作开关一次。图 11-5 所示为检查天窗开关。

图 11-5　检查天窗开关

11)检查天窗升起或闭合开关

(1)轻按按钮到第一挡,天窗会随开关的操作升起或闭合。

(2)按下按钮到第二挡,然后松开,天窗在安全功能激活的情况下自动升起或闭合。

12)检查车外后视镜(左)

按动后视镜选择按键至 L 位,然后按下控制板上的箭头,将后视镜移动至所需位置,观察左后视镜是否能随按动方向而相对应地转动。图 11-6 所示为检查左侧车外后视镜。

13)检查车外后视镜(右)

按动后视镜选择按键至 R 位,然后按下控制板上的箭头,将后视镜移动至所需位置,观察右后视镜是否能随按动方向而相对应地转动。图 11-7 所示为检查右侧车外后视镜。

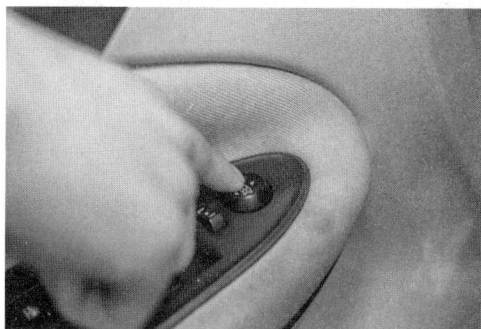

图 11-6 检查左侧车外后视镜

图 11-7 检查右侧车外后视镜

14)检查车内后视镜

调节车内后视镜,以清晰地看到车辆的后方区域。图 11-8 所示为检查车内后视镜。

15)检查发动机舱盖铰链

(1)拉起发动机舱盖释放杆,打开发动机舱盖。图 11-9 所示为打开发动机舱盖。

图 11-8 检查车内后视镜

(2)双手握住舱盖前端,用力上下晃动两次,检查发动机舱盖铰链有无松动情况。图 11-10 所示为检查发动机舱盖铰链。

注意:双手一定要扶住发动机舱盖,确保安全。

图 11-9 打开发动机舱盖

图 11-10 检查发动机舱盖铰链

16)检查发动机舱盖锁和微开指示灯

(1)打开点火开关,检查发动机舱盖锁扣安装是否牢固,锁钩转动是否灵活、无松旷。图 11-11 和图 11-12 所示分别为检查发动机舱盖锁扣和发动机舱盖锁钩。

图 11-11　检查发动机舱盖锁扣

图 11-12　检查发动机舱盖锁钩

（2）将发动机舱盖慢慢放下,使发动机舱盖副锁闩起作用,检查副锁闩锁止可靠,并确认仪表盘上的发动机舱盖微开指示灯是否点亮。图 11-13 和图 11-14 所示分别为检查发动机舱盖副锁闩和微开指示灯点亮。

注意:车型不同,指示灯的形式有所区别。

图 11-13　检查发动机舱盖副锁闩

图 11-14　发动机舱盖微开指示灯点亮

（3）双手放在发动机舱盖的中间,轻轻用力将盖子盖上,应确认主锁闩锁止牢靠,再检查仪表盘上的发动机舱盖微开指示灯是否正常熄灭。图 11-15 所示为关闭发动机舱盖。

注意:压发动机舱盖时,一定不能用太大力,以防止其变形。

图 11-15　关闭发动机舱盖

17）检查左前车门门锁和微开指示灯情况

（1）检查外把手、锁钩工作是否正常,内把手、锁钩工作是否正常。图 11-16 和图 11-17 所示分别为外把手开门检查和内把手开门检查。

注意:内、外门把手应能正常打开车门。

图 11-16　外把手开门检查

图 11-17　内把手开门检查

（2）检查车门锁扣安全是否牢靠。图 11-18 所示为检查左前车门锁扣。

（3）把车门置于微开状态,检查第一道锁锁止是否牢靠,确认顶灯、微开指示灯是否点亮。图 11-19 所示为检查左前车门第一道锁锁止情况。

注意:用手把车门向外拉,车门应无法打开。

图 11-18　检查左前车门锁扣

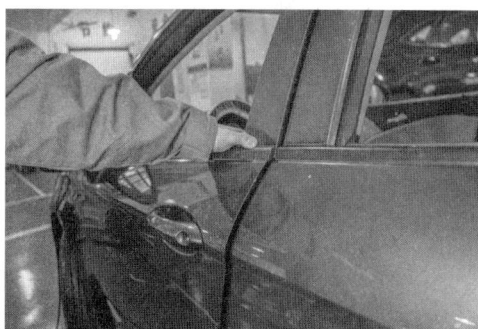

图 11-19　检查左前车门第一道锁锁止情况

（4）确认完全将车门关闭,检查第二道锁锁止是否牢靠,顶灯和微开开关指示灯是否正常熄灭。图 11-20 和图 11-21 所示分别为检查左前车门第二道锁锁止情况和微开指示灯熄灭。

注意:用手把车门向外拉,车门应无法打开。

图 11-20　检查左前车门第二道锁锁止情况

图 11-21　微开指示灯熄灭

18)检查右前车门门锁和微开指示灯情况

可参考左前车门门锁和微开指示灯检查进行操作。

19)检查左后车门门锁和微开指示灯情况

(1)打开左后车门,检查外把手、锁钩工作是否正常,内把手、锁钩工作是否正常。

(2)检查车门锁扣安全是否牢靠。

(3)把车门置于微开状态,检查第一道锁锁止牢靠,确认顶灯、微开指示灯是否点亮。

(4)确认完全将车门关闭,检查第二道锁是否锁止牢靠,顶灯和微开指示灯是否正常熄灭。

注意:以上四步均参考左前车门的检查方法。

(5)打开车门左下角的儿童锁,关闭车门,检查内把手能否打开。图 11-22 所示为打开儿童锁。

图 11-22　打开儿童锁

注意:此时内把手应无法打开。

(6)关闭儿童锁,关闭车门,检查内把手能否打开。

注意:此时内把手应可以打开。

20)检查右后车门门锁和微开指示灯情况

可参考左后车门门锁和微开指示灯检查进行操作。

21)检查行李舱门铰链

(1)按动左前门上的行李舱解锁开关,打开行李舱门。图 11-23 和图 11-24 所示分别为按下行李舱解锁开关和行李舱盖打开。

注意:行李舱门的另外一种打开方式为按两次遥控钥匙行李舱解锁键。

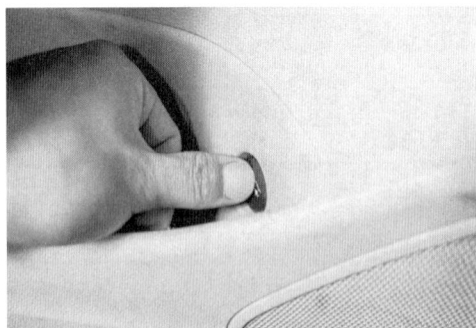

图 11-23　按下行李舱解锁开关

图 11-24　行李舱盖打开

（2）双手轻轻左右摇动行李舱门,检查铰链有无松动。图 11-25 所示为检查行李舱盖铰链。

注意:摇动不可太用力,以防损坏。

22）检查行李舱门锁和微开指示灯工作情况

（1）打开行李舱门,检查行李舱门锁扣安装是否牢固,并确认仪表盘微开指示灯是否正常点亮。使用一字螺丝刀扣上行李舱盖锁扣,拨动行李舱锁应急开关,检查应急开关能否打开和锁扣。图 11-26 和图 11-27 所示为检查行李舱盖锁扣。

图 11-25　检查行李舱盖铰链

图 11-26　检查行李舱盖锁扣(一)

（2）关闭行李舱门,检查锁闩是否锁止牢靠,并确认仪表盘微开指示灯是否正常熄灭。图 11-28 为检查行李舱盖锁闩。

图 11-27　检查行李舱盖锁扣(二)

图 11-28　检查行李舱盖锁闩

23）检查随车工具

（1）检查三角警示牌是否在行李舱备胎左侧的工具槽中。图 11-29 所示为三角警示牌位置。

（2）检查千斤顶、牵引钩和螺丝刀是否都在行李舱备胎下的工具箱中。图 11-30 所示为工具箱位置。

图 11-29　三角警示牌位置

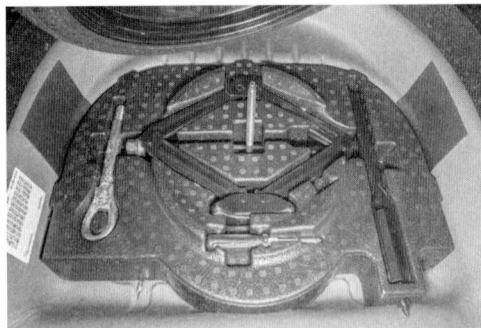

图 11-30　工具箱位置

三　学习拓展

如果天窗在自动关闭期间遇到阻力,则会立刻停止并重新打开;倘若由于霜冻等原因导致天窗难以关闭,则一直按到关闭按钮的前部到第一挡,天窗会在安全功能停用的情况下关闭。如要天窗停止移动,则松开开关。

如果天窗关闭路径中有物体,则防夹功能将检测到此物体并停止关闭天窗;灰尘和碎屑可能聚集在天窗密封件或导轨内,这可能导致天窗操作故障或出现噪声,还会堵塞排水系统。定期打开天窗,清除所有障碍物或碎屑,并使用干净的抹布、中性肥皂和水擦拭天窗密封件和车顶密封区域。

四　技能考核标准

技能考核标准表见表 11-1。

技能考核标准表　　　　表 11-1

序号	作业内容	评分标准	配分	得分
1	安全防护	车辆维护作业安全与防护	5分	
2	玻璃升降主控制开关	未操作左前玻璃一键上升下降的扣2分,未操作右前玻璃一键下降扣2分,未操作四扇车窗玻璃能升能降扣2分	6分	
3	检查玻璃升降分开关	用分开关检查三扇车窗玻璃能升能降,遗漏一扇车窗扣2分	6分	
4	检查天窗打开或关闭开关	未操作天窗开关的扣3分,未操作一键开关的扣3分	6分	

续上表

序号	作业内容	评分标准	配分	得分
5	检查天窗升起或闭合开关	未操作天窗升起的扣2分,未操作天窗闭合的扣2分,未检查天窗内异物的扣2分	6分	
6	检查车外后视镜	上、下、左、右工作正常,遗漏一个方向的扣0.5分,只操作一边的扣3分	5分	
7	检查车内后视镜	操作后未朝向车辆的后方区域扣5分	5分	
8	检查发动机舱盖铰链有无松动	轻轻左右摇动发动机舱盖,确认铰链有无松动(未双手扶住舱盖确保安全的扣3分)	5分	
9	检查发动机舱盖锁和微开开关的工作情况	未操作发动机舱盖锁扣安装是否牢靠,锁钩转动是否灵活的扣3分,未操作副锁闩锁止是否可靠,主锁闩锁止是否牢靠的扣3分	6分	
10	检查左前车门门锁和微开开关的工作情况	未操作左前车门外把手、锁钩是否正常,锁扣安装是否牢靠的扣2分;未操作第一道锁锁止是否牢靠,检查顶灯、指示灯是否点亮的扣1.5分;未操作第二道锁锁止是否牢靠,检查顶灯、指示灯是否熄灭的扣1.5分;未操作微开开关的扣1分	6分	
11	检查左后车门门锁和微开开关的工作情况	未操作左后车门外把手、锁钩是否正常,锁扣安装是否牢靠的扣2分;未操作第一道锁锁止是否牢靠,检查顶灯、指示灯是否点亮的扣1.5分;未操作第二道锁锁止是否牢靠,检查顶灯、指示灯是否熄灭的扣1.5分;未操作微开开关的扣1分	6分	

序号	作业内容	评分标准	配分	得分
12	检查右前车门门锁和微开开关的工作情况	未操作右前车门外把手、锁钩是否正常,锁扣安装是否牢靠的扣2分;未操作第一道锁锁止是否牢靠,检查顶灯、指示灯是否点亮的扣1.5分;未操作第二道锁锁止是否牢靠,检查顶灯、指示灯是否熄灭的扣1.5分;未操作微开开关的扣1分	6分	
13	检查右后车门门锁和微开开关的工作情况	未操作右后车门外把手、锁钩是否正常,锁扣安装是否牢靠的扣2分;未操作第一道锁锁止是否牢靠,检查顶灯、指示灯是否点亮的扣1.5分;未操作第二道锁锁止是否牢靠,检查顶灯、指示灯是否熄灭的扣1.5分;未操作微开开关的扣1分	6分	
14	检查行李舱盖铰链有无松动	用力左右摇动行李舱盖的扣2分,未确认铰链有无松动的扣3分	5分	
15	检查行李舱门锁和微开开关的工作情况	未检查行李舱门锁扣安装是否牢固的扣2分,未检查仪表盘微开开关指示灯能否随着门锁打开而点亮的扣2分,未使用一字起螺丝刀检查应急开关能否打开锁扣的扣2分	6分	
16	检查随车工具	三角警示牌、千斤顶、牵引钩、螺丝刀等工具齐全(遗漏一件扣1分)	5分	
17	准备工作、安全工作场地管理	安全防护、清洁、安全	5分	
18	7S作业	工具场地设备7S作业	5分	
总分			100分	

学习任务 12　车身电气其他项目检查与更换

学习目标

⭐ 知识目标

1. 能正确找出蓄电池、发电机、刮水器、喇叭、组合仪表、安全带等电气设备的安装位置；
2. 能说出蓄电池、发电机、刮水器、喇叭、组合仪表、安全带等电气设备的重要性。

⭐ 技能目标

1. 能利用专业工具对车身电气进行规范检测；
2. 能根据检测现象正确判断车身电气是否正常。

建议课时

4 课时

任务描述

车身电气的检查与更换在整个车辆定期维护作业中非常重要，它是汽车维修技师必备的一项技能。

此任务的内容包括：

（1）蓄电池的检查（检查蓄电池桩头、外壳，检测蓄电池静、动态电压）。

（2）前风窗玻璃洗涤器的检查（检查前风窗玻璃洗涤器的喷射力和喷射位置）。

（3）前风窗玻璃刮水器的检查（检查前风窗玻璃洗涤器喷射时的刮水器联动情况、检查前风窗玻璃刮水器的低速工作情况及有无异响、检查前风窗玻璃刮水器的高速工作情况及有无异响、检查前风窗玻璃刮水器的自动回位功能、检查前风窗玻璃刮水器的刮拭情况）。

（4）喇叭的检查（检查喇叭按钮及喇叭的工作情况）。

（5）组合仪表的检查（检查组合仪表背景灯的亮度调节功能、检查 MIL、AIR-BAG、ABS 等故障指示灯和充电、防盗指示灯的工作情况、检查变速器操纵杆及挡位指示灯的工作情况）。

（6）安全带的检查（检查前后位置安全带的拉伸和卷收情况及安全带有无撕裂或磨损、检查前后位置安全带惯性开关和安全带扣锁止开关的工作情况）。

一 理论知识准备

❶ 汽车电源

汽车有两套电源,分别为蓄电池和发电机。在发动机起动或低速运转时,车内用电设备所需的电能全部由蓄电池供给。在发动机正常运行时,发动机向车内用电设备供电,同时给蓄电池充电。当汽车用电设备用电量过大,超过发动机的供电能力时,蓄电池与发电机共同为车内用电设备供电。同时蓄电池作为一个大容量的电容器,可以吸收瞬间高压,保护车内的电子元器件。

❷ 洗涤器检查

打开刮水器清洗挡时,目视检查洗涤器左右喷嘴喷孔的喷射力和喷射位置应处于前风窗玻璃中部附近。

❸ 刮水器联动检查

检查刮水器喷水情况时,目视检查左右刮水器应联动,刮水器在各种速度下工作时应正常无异响。关闭刮水器开关时,左右刮水器应回位至前风窗玻璃底部正确的位置,并且能刮拭干净。

❹ 汽车喇叭检查

检查汽车喇叭时,先向左转动转向盘大于180°,按下喇叭,按钮喇叭应鸣响;再向右转动转向盘大于180°,按下喇叭,按钮喇叭应鸣响;转向盘回正后再按下喇叭,按钮喇叭应鸣响;每次按压、释放喇叭按钮后,按钮应灵敏。

❺ 组合仪表检查

检查组合仪表时,将点火开关置于 ON 位置后,目视检查仪表盘内各系统警告灯点亮后是否熄灭（发动机故障指示灯、驻车制动器指示灯、安全带指示灯除外）;起动发动机后目视检查仪表盘内各系统警告灯点亮后是否熄灭（驻车制动器指示灯、安全带指示灯除外）。

6　安全带检查

检查安全带时拉伸出安全带约 2/3 长,目视检查带表面应无撕裂和磨损;释放安全带拉伸卷收应自如;瞬间发力拉伸安全带应能锁死(说明惯性开关工作正常);将锁扣插入安全带开关内,目视检查仪表盘内安全带未系指示灯应熄灭,拉拽安全带应锁止牢靠,按下红色释放开关,锁扣应能弹出。

二　任务实施

1　准备工作

(1)将实训车辆平稳停放在实训区域。

(2)检查实训室的通风及防火系统设备工作是否正常。

(3)准备车内三件套、前格栅布、翼子板布手电筒、手套、万用表等教学用具。

2　技术标准与要求

(1)在操作开始前,检查好所有的设备并准备好工具。

(2)检查蓄电池时,禁止双手同时接触端子,如端子有腐蚀现象,禁止用手直接触摸,必须先清洁干净。

(3)发动机转速达到 2500r/min 时,发电机充电电压标准为 12.6～15.0V。

(4)在操作开始前,检查好所有的设备并准备好工具。

(5)检查刮水器喷水功能时,水会四溅,应提醒注意,检查时应注意左右刮水器的工作情况。

(6)按下喇叭按钮前需按车辆实际的运行工况,通过左右转动转向盘来检查按钮触点及转向盘触点。

(7)起动发动机前,要确认驻车制动器是否拉起,变速器操纵杆是否置于 P 挡。

(8)检查组合仪表背景灯时,应先点亮示廓灯。

(9)检查安全带惯性开关时,应双手拽住安全带瞬间拉动。

3　操作步骤

1)安全防护

安全防护请参考项目一的工作内容。

2)检查蓄电池

(1)目视检查蓄电池端子是否腐蚀。图 12-1 所示为检查蓄电池端子。

提示:检查时可戴手套,如端子处有腐蚀,禁止用手直接触摸。

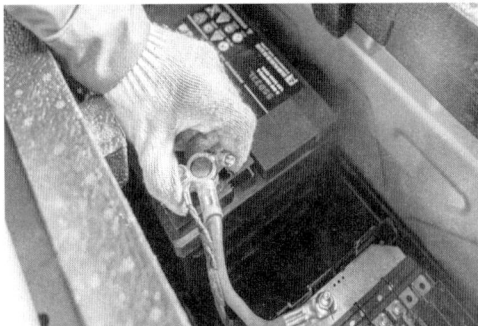

图12-1 检查蓄电池端子

(2)用手来回旋转蓄电池端子检查是否松动,晃动蓄电池壳,检查安装是否可靠。图12-2所示为检查蓄电池安装情况。

注意:禁止双手同时接触正负极端子操作。

a)检查端子

b)检查蓄电池壳

图12-2 检查蓄电池安装情况

(3)用万用表测量蓄电池的静态电压,一般在12V左右都属正常。图12-3所示为测量蓄电池静态电压。

注意:万用表正负表笔不能接错,需先接正表笔,再接负表笔。测量时应选择直流电压挡。

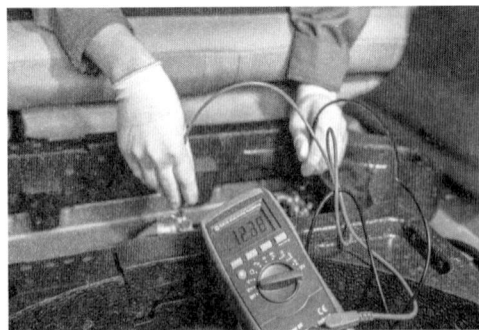

图12-3 测量蓄电池静态电压

3)检查发电机充电状态

(1)起动发动机,用万用表测量蓄电池的动态电压。在无任何负荷的情况下,学员踩下加速踏板并保持发动机转速为2500r/min,另一学员将万用表校零后,用直流电压挡测量蓄电池正负极电压,观察充电电压是否符合标准,一般充电电压为14V左右。图12-4所示为充电系统空载测试。

（2）在开启三项或以上大功率负荷的情况下，一学员踩下加速踏板并保持发动机转速为2500r/min，另一学员用直流电压挡测量蓄电池正负极电压，观察充电电压是否符合标准。图12-5所示为充电系统大负荷测试。

注意：前照灯、空调、后窗除雾等都是连续性的大负荷，测试中可选用。

图12-4　充电系统空载测试

a)开启连续性大负荷　　　　　　　　b)观察充电电压

图12-5　充电系统大负荷测试

4）检查前风窗玻璃洗涤器

（1）起动发动机，拉起玻璃洗涤器开关，使洗涤器进行工作。图12-6所示为拉起洗涤器开关。

注意：前风窗玻璃洗涤器开关在转向盘右下方。

（2）检查风窗玻璃洗涤器的喷射压力是否足够，同时检查喷射位置是否集中在刮水器工作范围内。

注意：检查洗涤器时，必须起动发动机，否则蓄电池的电量可能难以提供足够的喷洒动力。

（3）当前风窗玻璃洗涤器喷射时，检查刮水器的联动情况是否正常。图12-7所示为检查喷射压力和刮水器联动情况。

注意：如果刮水器开动后无清洗液喷出、无声响，一般为电动机烧坏。

5）检查前风窗玻璃刮水器

（1）将风窗玻璃刮水器开关向左打一挡到间隙挡，检查两只刮水器的摆动情况是否正常。

注意：有些型号刮水器的工作间隙可以调节。

图 12-6　拉起洗涤器开关

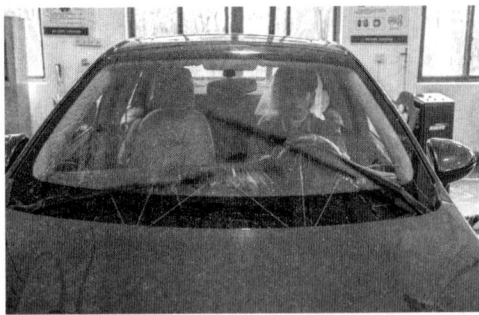

图12-7　检查喷射压力和刮水器联动情况

（2）将前风窗玻璃刮水器开关再向左打一挡到低速挡,检查两只刮水器的摆动情况是否正常。

（3）将前风窗玻璃刮水器开关再向左打一挡到高速挡,检查两只刮水器的摆动情况是否正常。图 12-8 和图 12-9 所示分别为拨刮水器开关和检查刮水器摆动。

注意:为防止划破风窗玻璃,在使用刮水器前要喷洒清洗液。

图 12-8　拨刮水器开关

图 12-9　检查刮水器摆动

（4）关闭刮水器开关,检查两只刮水器的自动回位功能是否正常。图 12-10 所示为检查自动回位功能。

注意:刮水器开关关闭时刮水器应自动停止在其停止位置,即车窗玻璃下沿。

（5）检查前风窗玻璃刮水器的刮拭情况是否正常。图 12-11 所示为检查刮拭效果。

注意:喷洒喷洗液,检查刮水器是否会产生以下问题:

①条纹式的刮水痕迹;

②刮水效果不好。

6）检查喇叭

（1）起动发动机,向左转动转向盘大于180°,按喇叭;向右转动转向盘大于180°,按喇叭。检查音量和音质是否稳定、按钮是否灵敏可靠。图 12-12 和图 12-13 所示分别为向左转向检查喇叭和向右转向检查喇叭。

图 12-10　检查自动回位功能

图 12-11　检查刮拭效果

图 12-12　向左转向检查喇叭

图 12-13　向右转向检查喇叭

（2）最后把转向盘方向回正，按喇叭两次，检查音量和音质是否稳定、按钮是否灵敏可靠。图 12-14 所示为转向盘回正检查喇叭。

7）检查组合仪表

（1）检查各种指示灯工作情况。

将点火开关置于 ON 挡，检查各系统警告灯（安全带指示灯、驻车制动指示灯、发动机故障灯除外）能否正常点亮并熄灭；起动发动机，检查各系统警告灯（安全带指示灯、驻车制动指示灯除外）能否正常点亮并熄灭。图 12-15 所示为所有警告灯点亮。

图 12-14　转向盘回正检查喇叭

注意：不起动发动机时，发动机故障灯应点亮，起动发动机后熄灭。

（2）检查组合仪表背景灯调节功能。

上下按住背景灯亮度调节旋钮，检查组合仪表背景灯的亮度能否正常变化。图 12-16 所示为背景灯调节。

注意：背景灯亮度调节旋钮只需要按住不动即可，不必一下一下地按动。

图 12-15　所有警告灯点亮

图 12-16　背景灯调节

8)检查自动变速器挡位指示灯工作情况

(1)将点火开关置于 ON 挡,将变速器操纵杆置于 P 挡,检查仪表盘挡位指示灯工作是否正常(正常应显示为"P")。图 12-17 和图 12-18 所示分别为 P 挡位和 P 挡位指示灯。

注意:检查挡位指示灯时,不要起动发动机。

图 12-17　P 挡位

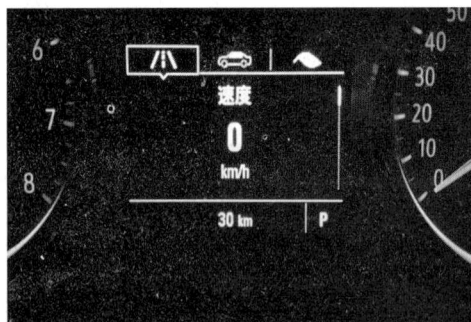

图 12-18　P 挡位指示灯

(2)踩住制动踏板,按下变速器操纵杆上端的锁止开关,依次把变速器操纵杆置于其他挡位,检查仪表盘挡位指示灯工作是否正常。图 12-19 和图 12-20 所示分别为 D 挡位和 D 挡位指示灯。

注意:"P"代表驻车挡,"R"代表倒挡,"N"代表空挡,"D"代表前进挡。

图 12-19　D 挡位

图 12-20　D 挡位指示灯

（3）将变速器操纵杆切入手动模式,首先按动变速器操纵杆上的"＋"键,然后按动变速器操纵杆上的"－"键,检查仪表盘指示灯能否正常变化。

注意: 按"＋"键时升档,按"－"键时降档,最高可升到 7 档,最低 1 档。

图 12-21 和图 12-22 所示分别为手动挡位模式和 1 挡指示灯。

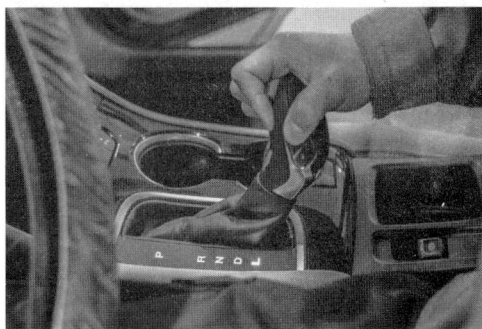

图 12-21　手动挡位模式

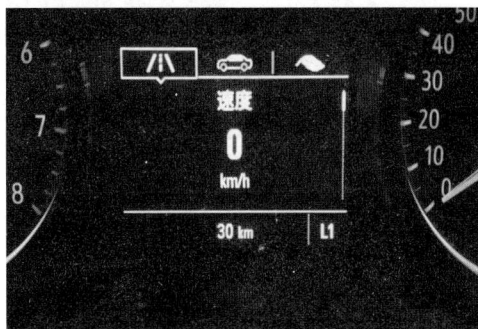

图 12-22　1 挡指示灯

9）检查驾驶员座椅安全带

（1）缓慢拉伸驾驶员座椅安全带,检查拉伸是否顺滑,有无卡滞现象。检查安全带安装是否牢靠,带面有无撕裂和磨损。然后以缓慢方式松开安全带,检查卷收是否正常,有无卡滞现象。图 12-23 和图 12-24 所示分别为拉出安全带和检查安全带。

注意: 拉伸时用力要均匀,否则有可能使惯性开关起作用。

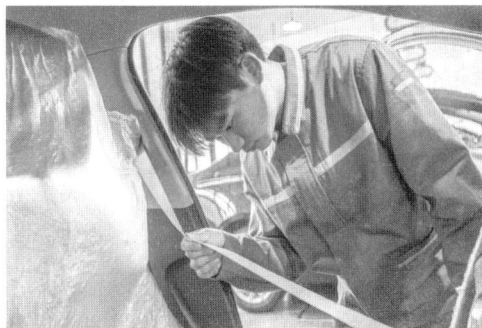

图 12-23　拉出安全带

图 12-24　检查安全带

（2）检查安全带锁止是否牢靠;突然用力拉动驾驶员座椅安全带,检查惯性开关锁止是否牢靠。图 12-25 所示为检查惯性开关。

注意: 突然用力拉动安全带应停住,否则就是锁止失效。

（3）插好安全带锁扣,检查锁扣锁止是否牢靠,安全带指示灯能否正常熄灭。图 12-26 和图 12-27 所示分别为检查安全带锁扣和安全带指示灯熄灭。

注意: 此时副驾驶位置上不能放重物,否则指示灯不会熄灭。

图 12-25　检查惯性开关

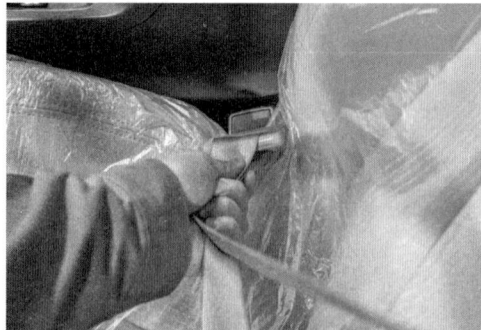

图 12-26　检查安全带锁扣

图 12-27　安全带指示灯熄灭

三 学习拓展

（1）汽车有两套电源,分别为蓄电池和发电机。在发动机起动或低速运转时,由于汽车发电机不发电或电压过低,此时起动机、点火系统及车内用电设备所需的电能全部由蓄电池供给。在发动机正常运行时,发电机向车内用电设备供电,同时,给蓄电池充电。当汽车用电设备用电量过大,超过发电机的供电能力时,蓄电池与发电机共同为车内用电设备供电。同时,蓄电池作为一个大容量的电容器,可以吸收瞬间高压,保护车内的电子元器件。

（2）汽车上所使用的玻璃水为专用玻璃水,它与刮水器胶条配合能强效去污,清洗后干净无痕,以保证驾驶员拥有很好的驾驶视线。专用玻璃水能很好地去除灰尘、虫胶,软化清除鸟粪,并能快速去除油膜。现在市面上有常温玻璃水和四季用玻璃水,其中四季用玻璃水具有防冻功能,能保证储液罐中的玻璃水在冬天也不结冰,保护储液罐及管路。驾驶员及维护人员还需要注意的一点是千万不要使用劣质的玻璃水,不要用洗洁精、强效洗涤剂、洗衣粉等兑水替代。这是因为一般洗涤剂都呈碱性,对橡胶会有一定的腐蚀性,会加速催化刮水器胶条的硬化,用硬化的胶条刮拭风窗玻璃时,会使风窗玻璃表面被刮毛、刮花。时间长了,不仅会腐蚀橡胶管,而且会堵塞喷水口,严重情况下还会损坏电机甚至车漆等。

（3）安全带也称为生命带,主要由安全带预收紧装置和安全带拉力限制器所组成。当事故发生时,强大的惯性作用会使人向前,若此时安全带过松,则可能使驾乘人员从安全带下滑出去甚至撞到前方气囊,导致驾乘人员严重受伤。因此,需要这种安全带预收紧装置在紧急时刻提供瞬间绷紧的安全带。其作用过程是:首先由一个探头负责收集碰撞信息,然后释放出电脉冲,该脉冲传递到气体发生器上,引爆气体。爆炸产生的气体在管道内迅速膨胀,压向所谓的球链,使球在管内往前窜,带动棘爪盘转。棘爪盘跟轴连为一体,安全带就绕在轴上。简单地讲,就是气体压力使球动,球带动棘爪盘转,棘爪盘带动轴转,从而瞬间实现了安全带的预收紧功能。从感知事故到完成安全带预收紧的全过程仅持续千分之几秒。在事故发生后,安全带在预收紧装置的作用下,已经绷紧了。但我们希望在受力峰值过去后,安全带的张紧力度马上降低,以减小乘员受力,这份特殊任务就由安全带拉力限制器来完成。在安全带装置上,有一个如前所述的预收紧装置,底下绕卷着安全带,轴芯里边是一根钢质扭转棒。当负荷达到预定情况时,扭转棒即开始扭曲,这样就在一定程度上放松了安全带,实现了安全带的拉力限制功能。在安全带预收紧装置和安全带拉力限制器的共同作用下,安全带的保护能力几乎达到了理想状态。

四 技能考核标准

技能考核标准表见表 12-1。

技能考核标准表 表 12-1

序号	作业内容	评分标准	配分	得分
1	安全防护	车辆维护作业安全与防护	5分	
2	检查蓄电池盒是否损坏;检查整个蓄电池盒表面是否有裂纹、泄漏损坏的情况	检查不到位扣2分,未检查出蓄电池盒损坏等情况扣2分	4分	
3	检查蓄电池端子导线是否松动	检查不到位扣2分,未检查出蓄电池导线松动等情况扣2分	4分	
4	测量蓄电池静态电压	未对万用表进行校零直接测量扣2分,读数错误扣2分	4分	
5	测量蓄电池充电电压	未加负荷时测量不正确扣4分,加负荷测量方法错误直接不得分	10分	
6	检查前风窗玻璃洗涤器的喷射力和喷射位置	目测喷射力和喷射位置是否正常(未检查到位扣4分)	4分	
7	检查前风窗玻璃洗涤器喷射时的刮水器联动情况	要求左右联动正常(未检查到位扣4分)	4分	
8	检查前风窗玻璃刮水器的低速工作情况及有无异响	低速,左右刮拭效果良好、无异响(未检查到位扣4分)	4分	

序号	作业内容	评分标准	配分	得分
9	检查前风窗玻璃刮水器的高速工作情况及有无异响	高速,左右刮拭效果良好、无异响(未检查到位扣4分)	4分	
10	检查前风窗玻璃刮水器的自动回位情况	自动回位功能左右正常(未检查到位扣4分)	4分	
11	检查前风窗玻璃刮水器的刮拭情况	刮拭效果左右良好(未检查到位扣4分)	4分	
12	检查喇叭按钮及喇叭的工作情况	向左转动转向盘大于180°按喇叭;向右转动转向盘大于180°按喇叭,回正按两次。喇叭音量、音质正常、按钮灵敏可靠,未360°转动转向盘来确认喇叭工作情况扣4分	8分	
13	检查组合仪表背景灯的亮度调节功能	组合仪表背景灯点亮正常,旋钮转动灵活,亮度调节功能正常(未检查到位扣4分)	4分	
14	检查 MIL、AIRBAG、ABS 等故障指示灯和充电、防盗指示灯的工作情况	点火开关打开ON挡,各系统警告灯点亮(安全带指示灯、驻车制动指示灯除外)并熄灭;起动发动机,各系统警告灯点亮、熄灭(安全带指示灯、驻车制动指示灯除外),其中一项未做扣4分	8分	
15	检查变速器操纵杆及挡位指示灯的工作情况,检查完毕后将变速器操纵杆置于N挡	变速器操纵杆无弯曲、无损坏(未检查扣4分);挡位P、R、N、D显示正常;变速器操纵杆置于N挡	8分	
16	检查驾驶员座椅安全带的拉伸和卷收情况及安全带有无撕裂或磨损	驾驶员座椅安全带安装牢靠,带面无撕裂、无磨损,拉伸卷收正常(每子项操作不到位扣2分)	8分	
17	检查驾驶员座椅安全带惯性开关和安全带扣锁止开关的工作情况	惯性开关锁止牢靠;指示灯熄灭;锁扣锁止牢靠	8分	
18	7S 作业	工具场地设备7S作业	5分	
总分			100分	

项目五　空调系统检查与维护

学习任务13　空调制冷剂的鉴别、空调系统泄漏与冷凝器的检查

学习目标

★ 知识目标

1. 能复述空调制冷剂鉴别的作用；
2. 能说出空调制冷系统常用的检漏方法；
3. 能罗列空调制冷系统的组成及各部件的连接位置；
4. 能学会判断空调制冷系统是否存在泄漏。

★ 技能目标

1. 能利用制冷剂鉴别仪对空调制冷剂进行鉴别；
2. 能利用电子卤素检漏仪进行独立完成检漏；
3. 能熟练执行空调制冷系统检漏的基本步骤；
4. 能规范任务中各个维护动作。

建议课时

4课时

任务描述

在此任务中,车辆的位置处于低位(轮胎触及地面)。由于汽车空调处于颠

簇、振动、高低温等恶劣环境中,据统计70% ~80% 汽车空调故障都是由于制冷剂的泄漏引起的。针对这类的空调故障,必须要找出泄漏点,因此,检漏作业在汽车空调作业中是十分重要的一个环节。此任务的内容包括:

(1)空调制冷剂的鉴别;

(2)空调制冷系统内制冷剂量的检查;

(3)空调制冷系统的泄漏检查;

(4)冷凝器的检查。

一 理论知识准备

❶ 制冷剂回收原则

制冷剂回收原则是根据中华人民共和国交通行业标准《汽车空调制冷剂回收、净化、加注工艺规范》(JT/T 774—2010)"在汽车维修过程中,凡涉及制冷剂循环系统的作业,在维修前,均应对制冷装置中的制冷剂进行回收"确定的。而"在制冷剂回收、净化和加注设备与制冷装置连接前,应进行制冷剂类型的鉴别和纯度的检测"。制冷剂鉴别包括类型鉴别和纯度检测。

❷ 根据制冷剂类型的鉴别和纯度的检测结果确定作业方式

根据制冷剂类型的鉴别和纯度的检测结果确定以下三种作业方式:

(1)制冷装置中存在一种制冷剂(HFC-134a 或 CFC-12),且与制冷装置规定的制冷剂类型相符,应进行回收。纯度低于96%时,应按要求进行净化。

(2)制冷装置中存在一种制冷剂(HFC-134a 或 CFC-12),但与制冷装置规定的制冷剂类型不符,应进行回收。纯度低于96%时,应按制冷剂净化作业的要求进行净化。

(3)制冷装置中存在"未知制冷剂"或两种以上类型的制冷剂,表明制冷装置中是多种制冷剂的混合物,这种情况下,不应使用作业用的回收/净化/加注设备进行操作,应采用另外的制冷剂回收设备进行回收或请专业机构进行回收和处理。

❸ 电子检漏

根据中华人民共和国交通行业标准《汽车空调制冷剂回收、净化、加注工艺规范》(JT/T 774—2010),制冷剂加注作业中,应先进行检漏操作,而检漏操作包括真空检漏与微小泄漏量检漏。在此任务中,电子检漏是微小泄漏量检漏的方法之一。电子检漏是汽车空调检漏作业中最常用、最主要的检漏手段,采用检漏仪检漏的前提是制冷系统管路内必须有一定压力的制冷剂。根据标准,检漏前需在制冷装置中充入 0.5 ~ 1.5MPa 的氮气或 0.35 ~ 0.5MPa 的制冷剂(以检漏设备要求的介质压力为准)。

二　任务实施

❶ 准备工作

(1)将实训车辆平稳停放在实训区域。

(2)检查实训室的通风及防火系统设备工作是否正常。

(3)准备车内三件套、电子卤素检漏仪、制冷剂回收加注机等教学用具。

❷ 技术标准与要求

(1)制冷剂鉴别仪对制冷装置中的制冷剂进行鉴别后,若存在"未知制冷剂"或两种以上类型的制冷剂,不应使用作业用的回收/净化/加注设备进行操作。制冷剂鉴别仪(16910)可检验制冷剂的类型、纯度、非凝性气体以及其他杂质鉴别 5 种成分:R134a、R12、R22、HC、AIR(空气),纯度以百分比显示,精度为0.1%。

(2)使用电子卤素检漏仪前,需确保空调系统压力值大于 350kPa。

(3)检查要在发动机熄火状态进行,由于制冷剂密度略大于空气,因此,检漏仪的探头应在检漏部位的下方。

(4)检漏时探头要围绕被检测的零部件进行移动,速度不要超过 25 ~ 50mm/s,而且距离高度不要大于 5mm。

(5)每个检漏点必须停留 3s 以上。

(6)因为制冷剂的特性,与冷却剂直接接触可能会造成操作者双目失明以及其他身体伤害,制冷剂的低沸点(大约 -30℃)可能会造成操作者冻伤。所以空调系统维护存在一定的安全隐患,操作过程中务必做好防护措施,戴好护目镜与防护手套。

❸ 操作步骤

1)安全防护

安全防护请参考项目一的工作内容。

2)连接制冷剂鉴别仪(16910)

(1)拉起发动机舱盖释放杆,打开发动机舱盖,安装车外防护三件套。

(2)从工具车内取出制冷剂鉴别仪及其采样软管。

(3)对制冷剂鉴别仪进行外观、采样出入口、采样软管、净化排放管、空气进气口及滤清检查。图13-1所示为制冷剂鉴别仪结构。

(4)连接制冷剂鉴别仪电源,安装鉴别仪采样软管。图13-2所示为制冷剂鉴别仪组装。

注意:①要求采样入口、采样出口洁净,无堵塞。

②采样管不能有裂纹、脏堵或污染,选择与制冷系统制冷剂型号一致的采样管。

③过滤器不能有红点,若有红点,说明污染,则必须进行更换。

④空气进气口及净化排放口应洁净,无堵塞。

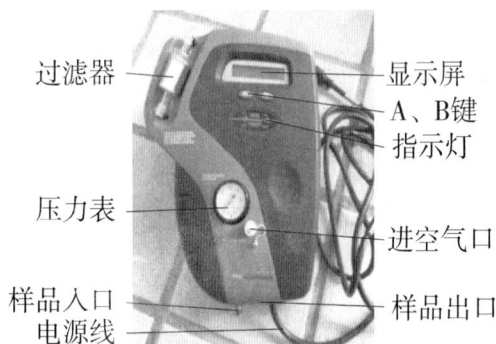

图13-1　制冷剂鉴别仪结构

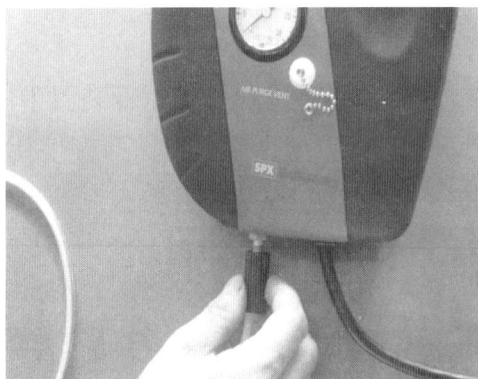

图13-2　制冷剂鉴别仪组装

3)设定海拔高度及制冷鉴别仪预热

(1)连接制冷剂鉴别仪电源,仪器自动开机,需要预热2min左右。

(2)根据仪器指示,同时按下鉴别仪A键与B键,进行海拔高度设定。设定完成后,静置20s,自动切换到预热步骤。图13-3所示为设定海拔高度。

注意:①仪器在预热过程中显示"TO SET ELEVATION",表示没有输入海拔高度,需要输入海拔高度数值。

②如果不进行海拔高度设定,预热完成后将自动进行系统标定。

③海拔高度默认值是400ft(1ft=0.3048m)。

④使用A键和B键,调节海拔高度,每按一次A键,升高100ft;每按一次B键,降低100ft。

(3)预热完成后,系统自动进行标定,仪器将会通过进空气口吸入环境空气约1min。环境空气是用于校正测试元件并排除残余的制冷剂气体,在系统标定过程中,仪器发出声音提示,图13-4所示为进行系统标定。

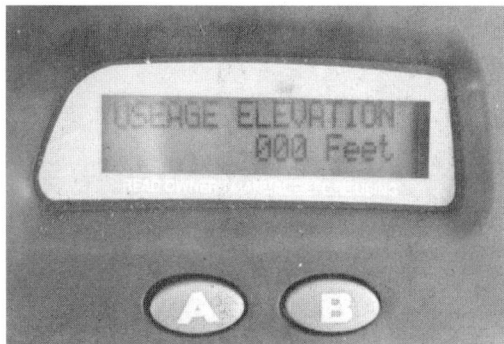

图 13-3　设定海拔高度

图 13-4　进行系统标定

4）对车辆空调装置内制冷剂进行鉴别

（1）使用干抹布清洁鉴别仪采样管低压快速接头，清洁车辆空调低压维修接口，取下低压阀帽，再次清洁低压维修接口。

（2）根据仪器的提示将仪器采样管低压快速接头连接到车辆空调系统低压维修接口上。图 13-5 所示为连接采样管低压快速接头。

（3）安装完成后，观察鉴别仪压力表表压，压力需在 5～25psi（压强计量单位，1MPa≈145psi）之间，图 13-6 所示为检查仪器表显压力。

注意：连接时根据快速接头类型，选择合适的方法（旋转式开关接头和提拉式快速接头），将其接在低压阀上。若低于 5psi 则需要重新连接，或进一步检查空调系统内制冷剂是否存在严重不足。

图 13-5　连接采样管低压快速接头

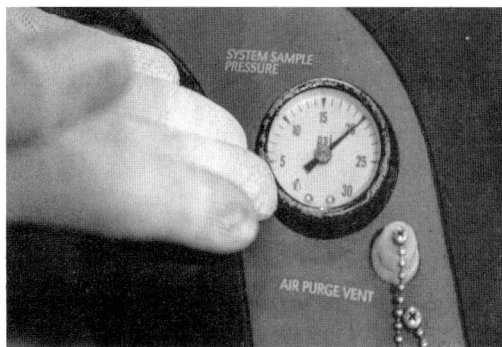

图 13-6　检查仪器表显压力

（4）按"A"键确认后，制冷剂样品立即流向仪器，进行制冷剂检验，时间约 1min。图 13-7 所示为仪器正在取样检验。

（5）检验过程完成后，仪器自动显示结果，记录结果至工单。图 13-8 所示为仪器显示检验结果。

图 13-7 仪器正在取样检验

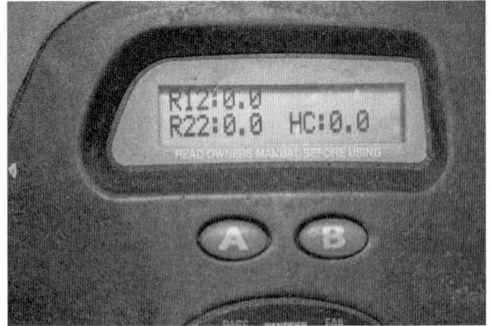

图 13-8 仪器显示检验结果

（6）分析完成后，按 A 键，打印；按 B 键，退出。

（7）拆下采样管，拔下仪器电源线，清洁仪器，归位。

注意：①检验结果说明 PASS：制冷剂纯度达到 98% 或更高。通过检验，可以回收。

②检验结果说明 FAIL：R12 或 R134a 的混合物中任一种纯度达不到 98%，混合物太多。

③检验结果说明 FAIL CONTAMINATED：未知制冷剂，如 R22 或 HC 含量大于 4% 或更多，不能显示含量。

④检验结果说明 NO REFRIGERANT-CHK HOSE CONN：空气含量达到 90% 或更高，没有制冷剂。

⑤从仪器样品入口拆下采样管。观察管子是否有磨损、裂纹、油堵或污染，并及时更换。

5）连接制冷剂回收加注机 AC350

（1）连接制冷剂回收加注机 AC350 电源，打开 AC350 电源开关，确认仪器高低压开关处于关闭状态，表压归零。图 13-9 所示为 AC350 高低压开关及压力表状态。

（2）将制冷剂回收加注机上的高低压快速接头旋柄转到打开位置，从仪器上取下高低压快速接头，用干抹布清洁。图 13-10 所示为清洁 AC350 高低压快速接头。

（3）使用干抹布清洁车辆空调高低压维修接口，取下高低压阀帽，再次清洁高低压维修接口。然后按照 AC350 界面提示连接好管路及接头。蓝色软管接低

图 13-9 AC350 高低压开关及压力表状态

压侧,红色软管接高压侧。图13-11所示为安装高压阀快速接口。

注意:①打开汽车高低压阀帽前,需要将接头处和接头周围的油污清理干净,减少油污进入系统的可能性。

②安装与拆卸时都需要带护目镜与防护手套,蓝色软管接低压,红色软管接高压,不要装反。

③安装完毕后,需往上提拔1~2次,确认快速接头与高低压阀安装到位即可。

④旋转快速接头旋柄打开高低压阀,检查压力表指示,切不可用力拧紧或使用工具拧紧。

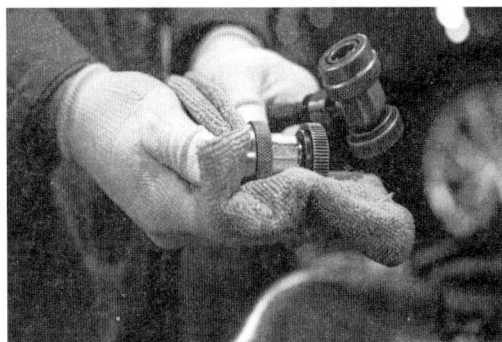

图13-10　清洁高低压快速接头

图13-11　安装高压阀快速接口

6)确定空调系统制冷剂量

(1)旋转高低压快速接头上的旋柄转到关闭位置,观察AC350高低压表指示,确认系统压力是否大于350kPa。若低于350kPa,则不能进行电子检漏作业,需要对空调系统进行一定量的制冷剂加注,使空调系统压力达到能够进行微泄漏检测的标准。图13-12所示为确认空调系统压力。

(2)确认压力大于350kPa后,取下高低压阀。清洁AC350快速接头及车辆高低压阀口,并对AC350管路中的制冷剂进行回收后,整理归位。

7)使用电子卤素检漏仪进行检测(高压及低压阀口)

(1)确认空调系统压力大于350kPa后,对即将检测的所有部位进行清洁。

(2)打开电子卤素检漏仪,调节检漏仪的灵敏度至合适的位置,对制冷系统的

图13-12　确认空调系统压力

高低压阀口及焊接处部位进行检测。检测时,切勿用手碰触检漏仪的探头,或用探头碰触被检测部位,防止被污染。图13-13所示为电子检漏仪的灵敏度调节。

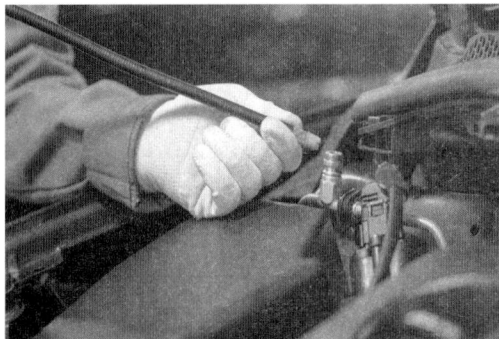

(3)使用电子卤素检漏仪对高压阀芯及焊接处位置进行检查。探头要围绕被检测的零部件进行移动,速度不要超过25~50mm/s,而且距离检测位置的距离不要大于5mm。要完整地围绕零部件进行移动,检漏仪的探头应在检漏部位的下方检测,每个检漏点必须要至少停留3s以上。图13-14所示为对高压阀口进行检测。

图13-13　电子检漏仪的灵敏度调节　　　　图13-14　检测高压阀口

(4)使用电子卤素检漏仪对低压阀芯及焊接处位置进行检查。

注意:当发现漏点时,电子卤素检漏仪会发出警报声进行提醒。此时,要将卤素检漏仪拿开,重置检漏仪,并重新将灵敏度调节到合适的位置,对刚刚检测过的零部件进行再一次检查,防止误测。重新检测2~3次,若仍然发出警报,则确定为漏点,确定系统漏孔的具体位置并记录在工单上。

8)使用电子卤素检漏仪进行检测(冷凝器进口及出口)

(1)使用电子卤素检漏仪对冷凝器进口连接位置进行检查。

(2)使用电子卤素检漏仪对冷凝器出口连接位置进行检查。图13-15所示为检查冷凝器出口。

9)使用电子卤素检漏仪进行检测(空调压力传感器)

使用电子卤素检漏仪对空调压力传感器接口连接位置进行检查。图13-16所示为检查空调压力传感器。

注意:检查包括管路与传感器的连接位置以及T形管路的焊接位置。

10)使用电子卤素检漏仪进行检测[空调储液器/干燥器(R/D)]

使用电子卤素检漏仪空调储液器/干燥器(R/D)位置进行检查。

图 13-15　检查冷凝器出口

图 13-16　检查空调压力传感器

11）使用电子卤素检漏仪进行检测（蒸发器进出口及膨胀阀）

（1）使用电子卤素检漏仪对膨胀阀位置进行检查。

（2）使用电子卤素检漏仪对蒸发器进口连接位置进行检查。

（3）使用电子卤素检漏仪对蒸发器出口连接位置进行检查。图 13-17 所示为检查蒸发器的出口。

注意：膨胀阀与蒸发器的进出口连接在一起，它是空调系统常见的泄漏点。

12）使用电子卤素检漏仪进行检测（压缩机轴封、前后盖密封处及压缩机进出口）

（1）使用电子卤素检漏仪对压缩机轴封进行检查，如图 13-18 所示。

（2）使用电子卤素检漏仪对压缩机进口进行检查。

（3）使用电子卤素检漏仪对压缩机出口进行检查，如图 13-19 所示。

图 13-17　检查蒸发器的出口

（4）使用电子卤素检漏仪对压缩机前后盖密封处进行检查。

图 13-18　检查压缩机轴封

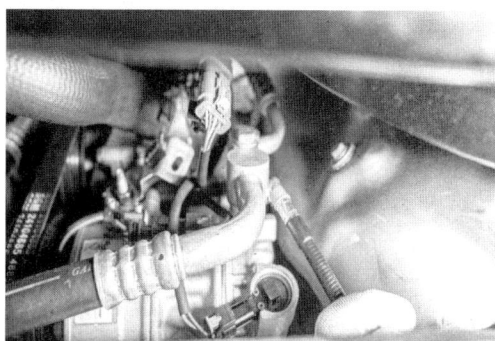

图 13-19　检查压缩机出口

13)使用电子卤素检漏仪进行检测(管路接头及软管)

(1)使用电子卤素检漏仪对管路接头进行检查,如图13-20所示。

(2)使用电子卤素检漏仪对高低压软管进行检查,如图13-21所示。

注意:检查高低压软管前应先清洁软管,可以轻微拧动软管,重点关注软管是否有老化、裂纹或破损。

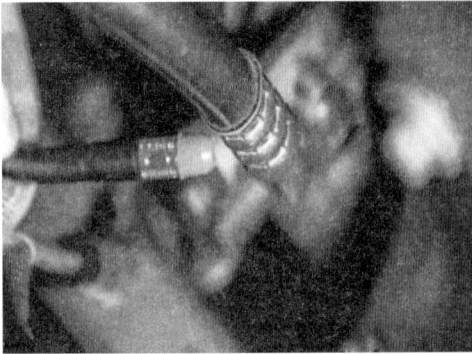

图 13-20　检查管路接头

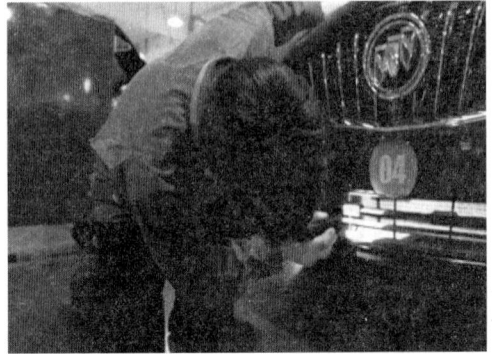

图 13-21　检查高低压软管

14)冷凝器的外观、堵塞检查

(1)使用手电筒从汽车前保险杠的进气格栅中观察汽车空调冷凝器外观情况,图13-22所示为冷凝器外观检查。

(2)检查冷凝器表面及散热片是否有擦伤等破损,泄漏点是否有渗油迹象。检查冷凝器传热翅片有无弄倒或损坏,是否有脏堵或异物堵塞。若有脏堵或异物,应对其进行清理,并重点关注此处是否有泄漏情况。

(3)使用电子卤素检漏仪对冷凝器表面进行检查,如图13-23所示。

注意:重点检查冷凝器表面传热翅片损伤或有渗油迹象的点。由于冷凝器与散热器一般安装在一起,所以一般不易受到破坏。

图 13-22　冷凝器外观检查

图 13-23　检查冷凝器表面泄漏情况

15) 蒸发器的外观、堵塞检查

(1) 汽车空调蒸发器安装在蒸发箱里，而蒸发箱在一般在仪表台里面，通过膨胀阀与空调的高低压管连接。因位置较为隐蔽，所以无法从外部使用电子卤素检漏仪去检漏。蒸发箱一般通过加注荧光剂或者用氟检测仪检测，蒸发器外观、堵塞检查在拆卸后进行。

(2) 通过添加荧光剂检测法检漏，加入荧光剂后打开使用空调制冷系统，从蒸发箱排水管处检查荧光剂是否有泄漏。

(3) 通过氟检测仪检测空调出风口是否有氟泄漏，若泄漏，应有报警声。

16) 重复以上检测过程

对整个空调系统所有部位检测的整个过程应反复检查2~3次。

注意：使用电子卤素检漏仪时，若发现泄漏点，此时探头和制冷剂的接触时间不应过长，也不要把制冷剂气流或严重泄漏的地方对准探头，否则会损坏探测仪的敏感元件。

三　学习拓展

在汽车空调不制冷的故障中，制冷剂泄漏是最常见的故障原因。制冷剂泄漏可能由多种原因造成，当发生泄漏后，即使重新添加制冷剂也无济于事，所以对汽车空调的检漏尤为重要。下面还有几种常用的检漏方法，同学们可以根据实际情况操作。

(1) 目视检漏法。制冷剂与冷冻机油是互溶的，所以泄漏处必然有油迹出现。因而可根据制冷系统及其连接软管等零件的表面和连接处出现油迹，判断是否有制冷剂溢出。但是空气压缩机轴封处有微量的油迹是正常的。

(2) 肥皂水检漏法。检漏时，擦净被检漏部件，把肥皂水刷在可能泄漏的地方，若有泄漏，便会出现气泡。这种方法比较经济、实用，适用于暴露在外表、人眼能看得到的部位，但精度较差，不能检查微漏，对找出针眼大小的泄漏最有效。这种检查方法可使用专用的商品气泡检查。

(3) 荧光检漏法。它是利用荧光检漏剂在紫外/蓝光检漏灯照射下会发出明亮的黄绿光的原理，对各类系统中的流体渗漏进行检测的。在使用时，只需将荧光剂按一定比例加入系统中，系统运行20min后，检测人员戴上专用眼镜，用检漏灯照射系统的外部，泄漏处将呈现出黄色荧光。

(4) 加压检漏法。用加压设备在制冷装置中充入1.5MPa的氮气，保持压力1h，如压力表示值下降，则制冷装置存在泄漏，应在各接头处和可疑位置涂抹肥皂水做进一步检查。

(5)真空检漏法。启动回收、净化、加注设备的真空泵,抽真空至系统真空度低于-90kPa(相对压力)。关闭歧管表阀门,停止抽真空,并保持真空度至少15min,检查压力表示值变化;如压力未回升,继续进行微小泄漏量的检查;如压力回升,则继续抽真空;如累计抽真空时间超过30min,压力仍回升,则可以判定制冷装置有泄漏,应检修制冷装置,并重复进行真空检漏的操作。

四 技能考核标准

技能考核标准见表13-1。

技能考核标准表   表13-1

序号	作业内容	评分标准	配分	得分
1	安全防护	车辆维护作业安全与防护	5分	
2	安装制冷剂鉴别仪	安装制冷剂鉴别仪前的设备检查,少一项扣1分(未检查扣5分);未正确安装扣3分	8分	
3	检查制冷剂纯度及类别	未能正确使用制冷剂鉴别仪扣6分;准确读取并判断五种类别的检查结果,少一项或判断错误扣2分	16分	
4	安装制冷剂回收加注机	安装前未进行检查,扣5分;安装不到位或安装错误扣5分	10分	
5	检查空调系统压力	未能正确使用制冷剂回收加注机,扣6分;错误读取高低压侧压力数据扣3分;结果判断错误扣3分	12分	
6	正确使用电子卤素检漏仪	使用电子卤素检漏仪,未调节扣3分;仪器探头与测量点有接触,扣3分	6分	
7	检查空调系统泄漏	对十四个测量点进行检漏,少一项或检查不规范扣2分	28分	
8	检查冷凝器	未检查冷凝器外观及堵塞,扣6分;未进行冷凝器泄漏检查,扣4分	10分	
9	7S作业	工具场地设备7S作业	5分	
总分			100分	

学习任务 14　空调系统的功能检查、性能测试与空调滤清器更换

学习目标

⭐ 知识目标

1. 能说出汽车空调的组成和基本工作原理；

2. 能说出汽车空调的维护间隔期；

3. 能说出汽车空调的常规检查方法与内容；

4. 学会汽车空调性能的判断方法。

⭐ 技能目标

1. 能完成汽车空调功能的检查维护；

2. 能利用汽车空调诊断仪检测车辆空调性能；

3. 能独立完成空调滤清器的更换；

4. 规范任务中的各个维护动作。

建议课时

4 课时

任务描述

在本学习任务中,车辆的位置处于低位(轮胎触及地面)。汽车空调受工作环境、车辆行驶时间和使用条件的影响,容易出现空调性能下降,甚至有空调系统不工作的现象发生。所以,在日常维护中对汽车空调性能进行检测,可以及时发现问题,通过实施定期维护,确保顾客满意和放心。此任务的内容包括:

(1)空调基本功能的检查；

(2)空调系统性能的检测；

(3)空调滤清器的更换。

一 理论知识准备

❶ 汽车空调的作用

汽车空调是用来改善汽车舒适性的设备,可以将汽车车厢内的温度、湿度、空气清洁度及空气流动调整和控制在最佳状态,为乘员提供舒适的乘坐环境,减少旅途疲劳,为驾驶员创造良好的工作条件,对确保安全行车起到重要作用。汽车空调一般包括制冷装置、取暖装置和通风换气装置。

❷ 空调功能检查周期

通常按照行驶距离或者时间来检查空调功能,每行驶2万km或一年检查一次。检查的间隔期随车辆的车型和使用情况不同而不同。一般汽车空调为了保持高效的性能,不管天气和季节如何,必须每月一次让制冷系统运行几分钟。若室外温度过低,则无法运行制冷系统。

❸ 空调的性能检测必要性

利用空调诊断仪对汽车空调的性能进行检测,可以有效地掌握汽车空调装置的工作性能,为进一步诊断空调工作情况确立依据。为了达到最佳的冷却性能,通用别克威朗建议从车辆首次上牌后3年起,每年检查空调系统,包括功能和压力测试、加热功能、泄漏检查、传动带检查、清洁冷凝器和蒸发器排水管、性能检查。

❹ 汽车空调滤清器

汽车空调滤清器的作用是清除可能进入车内的大部分空气灰尘和花粉。车辆进行定期维护时,要检查空调滤清器的清洁状况。空调滤清器必须定期更换,最佳周期不要超过1万km。禁止使用未安装空气滤清器的空调系统。否则,水或其他杂质可能会进入系统并导致泄漏或引起噪声。拆下旧空调滤清器后,务必安装新的空调滤清器。

二 任务实施

❶ 准备工作

(1)将实训车辆平稳停放在实训区域。
(2)检查实训室的通风及防火系统设备工作是否正常。
(3)准备车内三件套、空调诊断仪、风速仪、温度计等教学用具。

❷ 技术标准与要求

（1）空调的功能检查应包括空调面板控制功能、出风口、出风角度、出风量、温度、送风模式、内外循环等。

（2）进行空调性能测试时，应将发动机转速控制在 1500~2000r/min 之间；将温度计探头放置在空调出风口内 50mm 处；打开所有车窗、车门；调节空调正面出风至全开状态。

设置空调控制器为：

①外循环位置；

②强冷；

③A/C 开；

④风机转速最高（HI）。

若是自动空调，应设为手动模式并将温度设定为最低值。

（3）空调诊断仪的温度传感器 TK 接头需按照图示规定连接，不可互换安装，安装时确保温度传感器热电偶与金属管壁充分接触；夹的位置尽量靠近测量部件（冷凝器或蒸发器）；THR 传感器应放置在距车辆 2m 处确认连接。

（4）空调滤清器的更换周期建议一般不超过行驶 1 万 km，视各个地区的环境污染、道路情况、气候特征和本车使用情况而定。对于沿海、潮湿或者梅雨频繁的地区，应该提前更换滤芯。

（5）因为制冷剂的特性，操作者与制冷剂直接接触可能会造成操作者双目失明以及其他身体伤害。制冷剂的低沸点（大约 -30℃）可能会造成冻伤。所以，空调系统维护存在一定的安全隐患，操作过程中务必做好防护措施，戴好护目镜与防护手套。

（6）请勿在明火和灼热表面附近进行操作；制冷剂在高温下会分解并释放出对操作者和环境有害的有毒和腐蚀性物质。因此，需在有合适通风设备、空气循环良好的地方进行维护操作。

❸ 操作步骤

1）空调系统的功能检查

（1）安全防护。

安全防护请参考项目一的工作内容。

（2）发动机暖机。

①拉起发动机舱盖释放杆，打开发动机舱盖，安装车外防护三件套。

②转动点火开关,起动发动机,让发动机进行预热暖机。

注意:在发动机起动之前先报告"起动发动机",引起周围人员的注意。

(3)启动空调,开启制冷模式。

①旋转鼓风机旋钮至最大,打开 A/C 开关,旋转温度旋钮至最冷,调节出风模式为正面出风。

②将发动起车外三件套中的前格栅布向上折起。图 14-1 所示为向上折起前格栅布。用手电筒观察空调压缩机是否已经启动,观察冷却风扇是否运转。图 14-2 所示为检查空调压缩机运行情况。

注意:若空调压缩机未启动,冷却风扇未运转,则说明空调制冷系统存在故障,应先排除故障,再进行后续空调性能测试,冷却风扇开始运转需要 5 ~ 10s 的时间。打开空调 A/C 开关后,务必将前格栅布收起,保证冷凝器可正常散热。

图 14-1　向上折起前格栅布

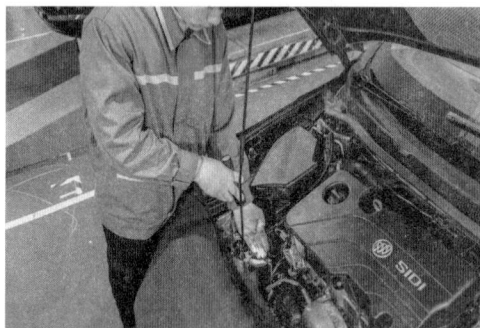

图 14-2　检查空调压缩机运行情况

(4)检查风速调节功能与启动后窗除雾功能预热功能(吹脸模式)。

①打开吹脸模式,用手或风速仪检查吹脸风道左 1、左 2、右 1、右 2 的出风工作情况。图 14-3 所示为设置吹脸模式。

②检查正面 4 个出风口的滑块旋钮与指轮工作情况。图 14-4 所示为检查出风口滑块旋钮与指轮。

图 14-3　设置吹脸模式

图 14-4　检查出风口滑块旋钮与指轮

③将手背放置于正面出风口,缓慢旋转风速开关 1 ~ 8 挡,感觉正面出风口风速变化情况。图 14-5、图 14-6 所示为检查正面出风口风量随风速挡位的变化情况。

图 14-5　调节风速旋钮

图 14-6　检查正面出风口风量

④按下后窗除雾功能按钮,进行预热。图 14-7 所示为打开后窗除雾功能按钮。

注意:若正面四个风道出风有明显有区别,需确认出风口滑块旋钮是否处于上下左右的正中状态以及指轮是否处于最大出风状态。若是,则需进一步检查风道是否堵塞。

(5)检查风向切换和空调制冷功能(吹脚模式)。

①打开吹脚模式,检查脚部出风口出风(驾驶室下侧 1、2、3,副驾驶室下侧 1、2、3、4,右后排座椅下侧 1、2,左后排座椅下侧 1、2)工作情况。图 14-8 所示为设置吹脚模式,图 14-9 所示为检查吹脚模式出风情况。

图 14-7　打开后窗除雾功能按钮

图 14-8　设置吹脚模式

图 14-9　检查吹脚模式出风情况

②检查驾驶员侧与乘客侧后排座椅下方出风口出风情况。

（6）检查风向切换和空调制冷功能（前窗除雾/除湿模式）。

打开除雾/除湿模式。检查前窗除雾风道（左1、中1、中2、右1）工作情况。图14-10所示为设置除雾/除湿模式。图14-11所示为检查前窗除雾/除湿模式出风情况。

图14-10　设置除雾/除湿模式

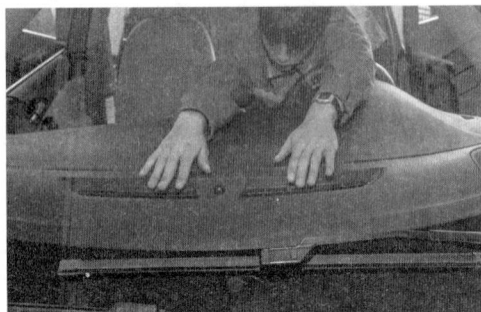

图14-11　检查前窗除雾/除湿模式出风情况

（7）检查风向切换和空调制冷功能（前风窗玻璃FRONT快速除霜模式）。

打开快速除霜模式，检查前风窗玻璃除雾风道（左1、中1、中2、右1）工作情况。图14-12所示为设置前风窗玻璃快速除霜模式。

注意：需要区别快速除霜模式与除雾/除湿模式，除霜模式显示风窗玻璃图标，除雾/除湿模式显示风窗玻璃与人形图标。

（8）检查空气循环模式和后窗除雾功能。

①按下空气循环开关，观察车辆内外循环模式工作情况。图14-13所示为设置外循环工作情况。

图14-12　设置前风窗玻璃快速除霜模式

图14-13　设置外循环工作情况

②用手触摸后风窗玻璃除雾器网格线区域，观察是否有加热功能、能否正常工作。图14-14所示为检查后风窗玻璃除雾器工作情况。

注意：空气内循环灯亮为内循环工作模式，灯灭为外循环工作模式。

（9）检查暖风工作。

①关闭A/C开关，调节温度旋钮至最热，切换送风模式至正面出风模式，感

觉温度是否明显上升。检查完后关闭风速开关。图14-15所示为调节暖风按钮。

图14-14　检查后风窗玻璃除雾器工作情况

图14-15　调节暖风按钮

②检查完成后,先关闭空调,再关闭点火开关,使发动机熄火。

注意:若温度没有上升,则应进一步检查冷热模式功能。

2)空调系统的性能测试

(1)安装汽车空调诊断仪。

①使用前的准备工作。

使用前的准备工作为对主机进行充电(充电时间约为5h),或使用诊断仪自带电源安装,连接12V电源夹子至车辆正负极。

②连接汽车空调诊断仪传感器线路接口:根据空调诊断仪底部的接口类型,按照颜色分类进行安装。HP(红色)连接高压传感器;LP(蓝色)连接低压传感器;TK1、TK2、TK3、TK4分别为红色、黄色、黑色、蓝色。图14-16所示为安装空调诊断仪。

注意:传感器线路较为脆弱,不可弯曲折皱,温度传感器接头有正反之分,不可强行安装导致损坏。

③使用干抹布清洁车辆空调高低压维修接口,取下高低压阀帽,再次清洁高低压维修接口。

④按照测量参数表(表14-1)对空调诊断仪高低压传感器进行连接。在安装前,逆时针方向旋到顶部,使阀门关闭。提位快速接头,与空调维修接口阀门对接。高低压快速连接

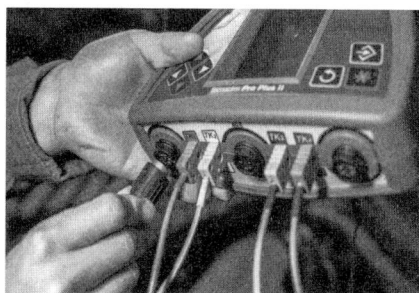
图14-16　安装空调诊断仪

器安装至高低压维修接口完成后,旋转打开高低压阀门。图14-17所示为高压维修接口与高压快速连接器(红色)的连接。

⑤空调诊断仪的温度传感器TK夹子形接头,需按照测量参数表(表14-1)的规定连接,不可互换安装,安装时确保温度传感器的热电偶与金属管壁充分接触;夹的位置尽量靠近测量部件(冷凝器或蒸发器)。图14-18所示为蒸发器入口

金属管路与TK3探针(黑色)的连接。

图 14-17　高压维修接口与高压快速
连接器(红色)的连接

图 14-18　蒸发器入口金属管路与TK3
探针(黑色)的连接

测 试 参 数 表　　　　　　表 14-1

项　目	测量部位	测量元件	无线/有线
低压测制冷剂压力	低压维修接口	低压快速连接器(蓝色)	有线
高压侧制冷剂压力	高压维修接口	高压快速连接器(红色)	有线
冷凝器入口温度	冷凝器入口金属管路	TK1 探针(红色)	有线
冷凝器出口温度	冷凝器出口金属管路	TK2 探针(黄色)	有线
蒸发器入口温度	蒸发器入口金属管路	TK3 探针(黑色)	有线
蒸发器出口温度	蒸发器出口金属管路	TK4 探针(蓝色)	有线
环境温度和相对湿度	距车辆2m 处	THR 传感器	无线
出风温度和相对湿度	中央出风口处	THR 传感器	无线

注意:a.打开汽车高低压阀帽前,需要将接头处和接头周围的油污清理干净,减少油污进入系统的可能性。

b.安装与拆卸时都需要带护目镜与防护手套,蓝色接低压传感器,红色接高压传感器,不要装反。

c.安装完毕后,需往上提拔1～2次,确认快速接头与高低压阀安装到位即可。

d.再旋转接头旋柄打开高低压阀,检查压力表指示,切不可用力拧紧或使用工具拧紧。

e.THR 传感器为无线连接,需要打开空调诊断仪后才能确认连接是否正常,具体方法参照下一步。

(2)启动汽车空调诊断仪(程序准备)。

①按住电源键,开机,显示主菜单。

②使用光标键,选择测量菜单。

③按确认键,进入相应菜单。

④将 THR 传感器放在距车辆 2m 处,按确认键确认与空调诊断仪的无线匹配连接。图 14-19 所示为 THR 传感器与空调诊断仪的无线匹配连接。

⑤确认 THR 传感器红灯闪烁,且空调诊断仪上出现"气温""湿度"数值显示。记录当前的环境温度与湿度数据于工单上。图 14-20 所示为诊断仪界面中 THR 传感器的已连接显示。

图 14-19　THR 传感器与空调诊断仪的无线匹配连接

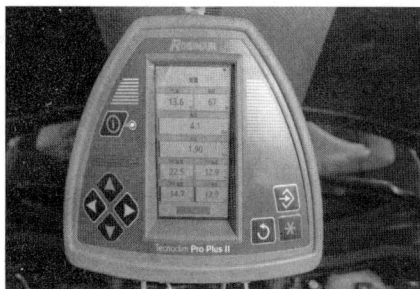

图 14-20　诊断仪界面中 THR 传感器的已连接显示

⑥安装 THR 传感器至汽车空调正面出风口处。图 14-21 所示为安装 THR 传感器至正面出风口。

注意:a. 进行测量菜单后,检查所有传感器(压力和温度)是否有数值显示,且数值处于正常值范围内。

b. 若有显示数值明显错误,则按照前面步骤,重新进行安装。

c. THR 传感器安装在出风口时,将温度传感器感应一侧对准出风口。

图 14-21　安装 THR 传感器至正面出风口

(3)检测前车辆准备。

①转动点火开关,起动发动机。

注意:在发动机起动之前先报告"起动发动机",引起周围人员的注意。

②旋转风速旋钮至最大,打开 A/C 开关,旋转温度旋钮至最冷,调节出风模式为正面出风。

③打开外循环,降下全部车窗,打开所有车门。请求他人协助将发动机速度保持在 1800 ~ 2200r/min 之间,时间持续 3 ~ 5min。图 14-22 所示为空调制冷系统性能检测前车辆的准备状态。

(4)进行空调性能检测。

①在空调运行至规定时间(3 ~ 5min),诊断仪显示数值趋于稳定后,读取压

图 14-22　车辆的准备状态

力表和温度计的显示值,测得高侧压力、低侧压力、相对湿度、空调进风温度、出风口温度,并及时记录空调相关测量数据。

②根据测量数据填写并绘制空调性能检验图表。图 14-23、图 14-24 所示为性能检测图表。

③根据图表判断空调性能检验结果。

④检查完成后,先关闭空调,再关闭点火开关,发动机熄火。

⑤取下诊断仪,清洁并归位。

注意:a.通过测量数据绘制出两张图表中的垂直与平行交点,若交点在阴影(表示正常的空调性能参数)内,则空调性能良好。

b.若垂直与平行交点在阴影外,则空调性能不良。

c.若压力与温度传感器显示的高、低侧压力和空调出风温度不在规定的范围内,应对制冷装置做进一步的诊断和检修。图 14-23 所示为吸气压力与环境温度交点处于阴影内。

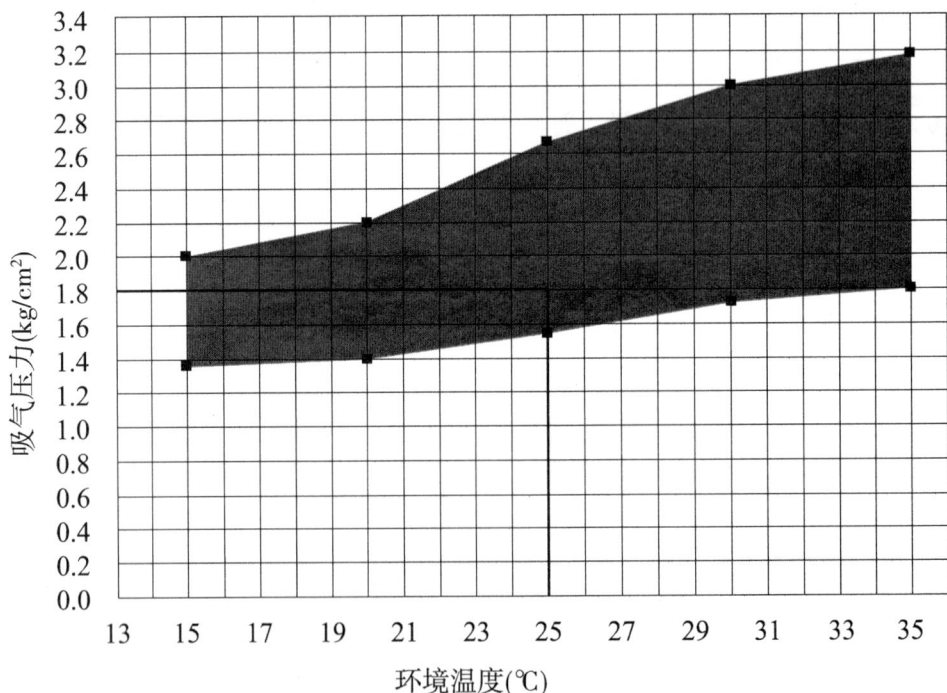

图 14-23　吸气压力与环境温度关系图

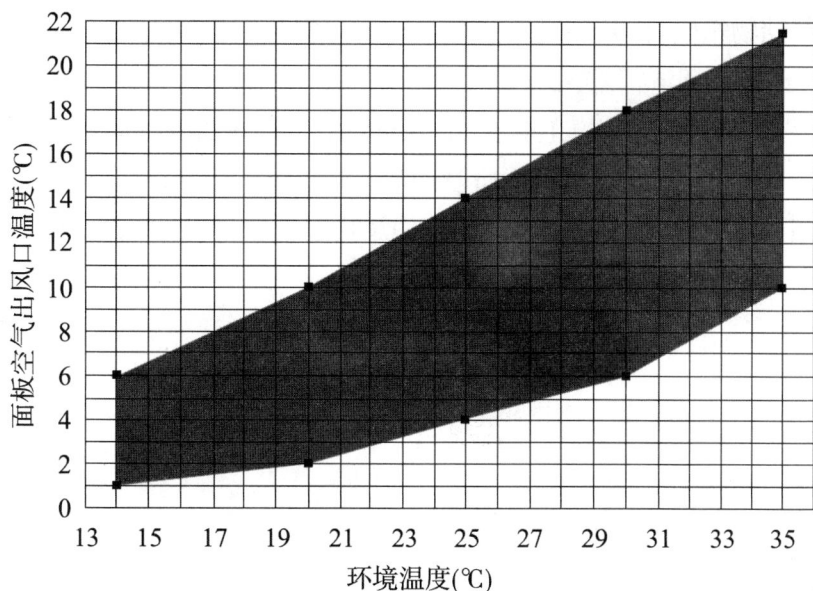

图 14-24　送风温度与环境温度关系图

3）空调滤清器的更换

（1）拆卸仪表板外饰盖及储物箱。

①拆卸仪表板外装饰盖（右侧），从工具车中取出平刃塑料工具，缓慢撬下仪表板外装饰盖，分离 5 颗仪表板外装饰盖固定件卡扣。图 14-25 所示为仪表板外装饰盖固定件卡扣位置，图中 1 为仪表板外装饰盖固定件卡扣，2 为仪表板外装饰盖（右侧）。

注意：撬动时动作放缓，不可暴力拆卸，必要时可使用抹布包裹一字螺丝刀拆卸。

②拆卸仪表板储物箱，从工具车中拿来一把棘轮扳手（小）和套筒（7mm）并装好，然后拧松并取下储物箱 5 颗螺栓。图 14-26 所示为 5 颗螺栓位置，图中 1 为仪表板储物箱紧固件，2 为仪表板储物箱。

注意：图 14-26 中，从右边数第一颗螺栓位于仪表板外装饰盖（右侧）内，第二颗螺栓位于储物箱内。

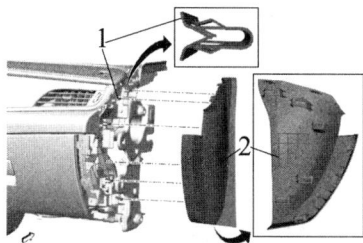

图14-25　仪表板外装饰盖固定
件卡扣位置

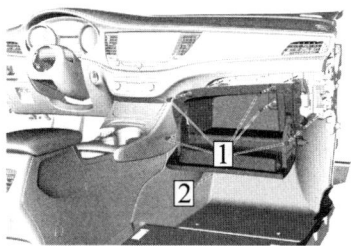

图 14-26　5 颗螺栓位置

③打开储物箱门,松开储物箱门导向装置并将仪表板储物箱门完全向下折叠。

(2)取出旧空调滤清器。

①用手或者使用合适的工具松开空调滤清器进气口壳体盖两端卡扣,并拆下空调滤清器进气口壳体盖。图14-27所示为空调滤清器进气口壳体盖。

②使用一字螺丝刀,从空调滤清器下方取出空调滤清器,图14-28所示为空调滤清器标识。

注意:观察空气滤清器的安装位置与朝向,空气滤清器标识 AIR FLOW 箭头应朝下。

图14-27　空调滤清器进气口壳体盖

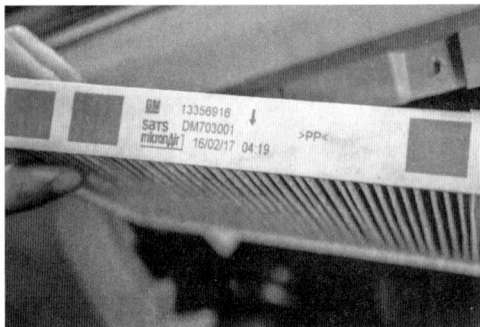

图14-28　空调滤清器标识

(3)更换新空调滤清器。

①更换新的空调滤清器,按照标识 AIR FLOW 箭头朝下安装,并安装空调滤清器进气口壳体盖。

图14-29　安装储物箱螺栓

②安装储物箱门导向装置,将储物箱打开。安装5颗储物箱螺栓(位置参考图14-26)及仪表板外装饰盖。图14-29所示为安装储物箱螺栓。

注意:a.螺栓类型:5×7(数量×大小);

b.使用工具:扭力扳手、短节杆、7号套筒;

c.螺栓力矩标准值:2.5N·m。

三　学习拓展

汽车空调系统是实现对车厢内空气进行制冷、加热、换气和空气净化的装置。它可以为乘车人员提供舒适的乘车环境,降低驾驶员的疲劳感,提高行车安全性。汽车空调系统已成为衡量汽车功能是否齐全的标志之一。下面介绍一些汽车空调使用与维护方法。

（1）选择合适的空调温度。在夏季，许多人喜欢把温度调得很低，殊不知温度过低会影响身体健康，所以空调温度调整一定要适宜。人体最适宜的温度是20～25℃，超过28℃，人就会觉得闷热；而低于14℃，人就会觉得冷。因此，应将车内温度控制在18～25℃之间。

（2）夏季进车立即启动内循环模式。汽车在烈日下停放的时间较长时，有些车主喜欢一起动汽车就立刻开启空调并开启内循环模式，认为这样可以让车厢内温度下降得快一点。但因为车内的温度比车外温度高，所以这样反而效果不好。刚进入车内的时候，应该先开窗通风，并开启外循环模式，把热气都排出去。等车厢内温度下降之后，再换成内循环模式。

（3）要在全封闭状态下使用空调。汽车空调也一样，在使用过程中若车门、车窗关闭不严，将造成制冷效果不佳，而且还浪费燃油。

（4）出风口方向不得随意调。有的车主在使用空调时，不注意调整空调吹风的方向，这不利于发挥空调的最佳效果。根据冷空气下沉、热空气上升的原理，正确的做法应该是在开冷气时将出风口向上，开暖气时将出风口向下。

（5）不要开着空调在车内吸烟。由于在车厢内吸烟，烟雾无法立刻排出去，因此，会刺激眼睛和呼吸系统，不利于健康。若吸烟，应将空调通风控制调整到"排出"位置，使车厢内烟雾排出车外。

（6）不在开启空调的停驶车内长时间休息或睡眠。由于汽车密封好，车辆停驶时，车厢内通气性差，若此时开着空调休息或睡眠，很可能因发动机排出的一氧化碳气体漏入车内引起人员中毒，甚至死亡。

（7）低速行驶时尽量不使用空调。行车中遇到交通堵塞时，不要为提高空调效能而使发动机以较高转速运转，这样做对发动机和空调压缩机的使用寿命都有不利影响。

（8）外循环风道杀菌。市场上有很多种用于清理空调风道的清洗剂，取下空调滤清器，起动车辆，打开空调并把空调置于外循环挡，把泡沫状清洗剂喷到空调滤清器处，空调的外循环风会把清洗剂吸入风道内，对风道、空调蒸发器和暖风水箱分解物除菌、去除异味，污物会变成液体从空调的出水口排出。清理工作完成后，最好更换灰尘滤清器，此后车内出风口就会吹出清新的空气。

（9）使用臭氧杀菌。利用高浓度臭氧水为汽车空调做杀菌处理。据了解，臭氧水是目前可利用的最强的氧化剂之一，可轻易使细菌、真菌的蛋白质外壳氧化变性，迅速杀灭细菌繁殖体和芽孢，将大肠杆菌、金黄色葡萄球菌、肝炎病毒、感冒病毒氧化分解。臭氧性质活泼,在常温下可自行还原为氧气,是目前最环保的杀菌物质。

(10)汽车空调诊断仪除测量模式外,还有自动诊断模式与控制模式,其操作流程如图14-30所示。

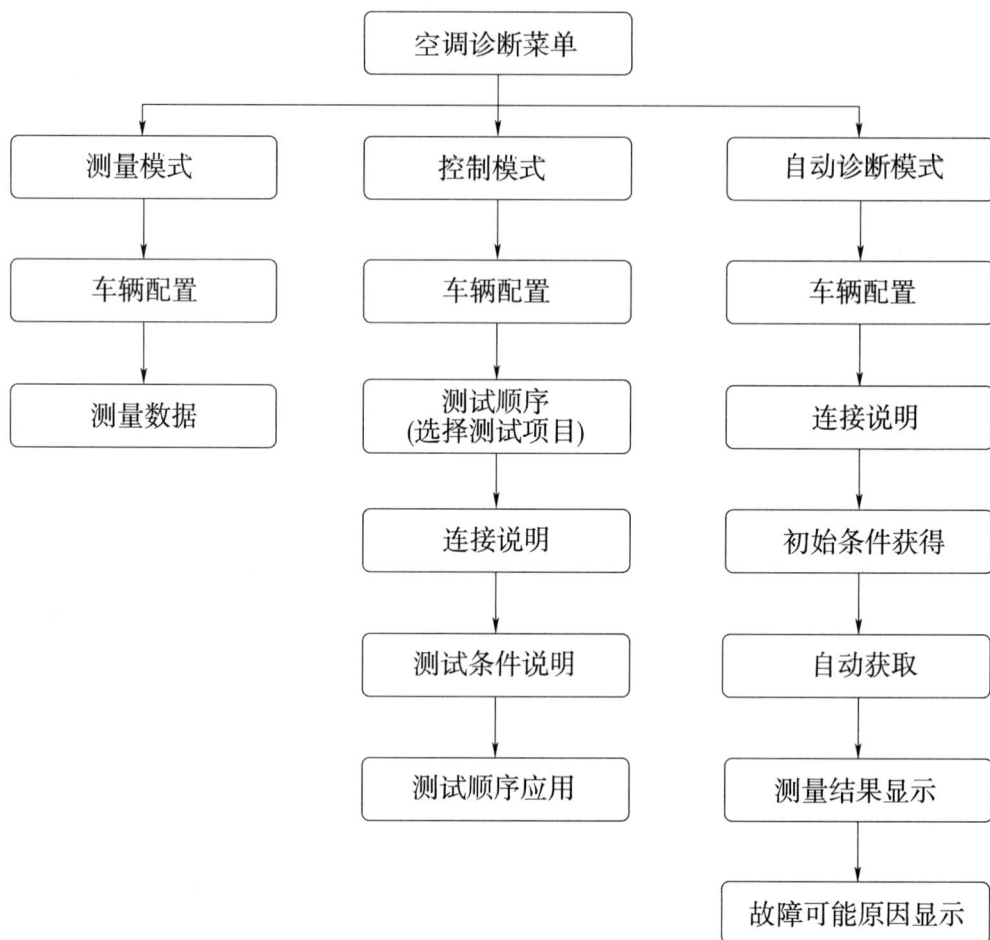

图14-30　汽车空调诊断仪操作流程图

四　技能考核标准

技能考核标准表见表14-2。

技能考核标准表　　　　　　　　表14-2

序号	作 业 内 容	评 分 标 准	配分	得分
1	安全防护	车辆维护作业安全与防护	5分	
2	发动机暖机	起动前未进行安全确认,扣5分	5分	

续上表

序号	作业内容	评分标准	配分	得分
3	检查风速调节功能	每个挡位停留时间低于2s,扣1分,未检查扣8分	8分	
4	检查风向切换和制冷功能	检查四种风向模式功能切换,少一项扣3分;未检查制冷功能,扣4分	16分	
5	检查空调后除霜功能及内外循环功能	未检查空调后除霜功能,扣5分;未检查内外循环功能,扣5分	10分	
6	安装空调诊断仪	组装空调诊断仪,高低压传感器安装位置不正确扣4分;温度传感器安装位置不正确,每项扣2分	8分	
7	连接空调诊断仪器至车辆	高低压传感器连接不到位,每项扣2分;传感器位置连接错误或连接不到位,每项扣1分	8分	
8	空调性能诊断	使用空调诊断仪读取空调性能参数,未打开所有车门车窗,扣2分;未打开空调制冷,扣5分;未保持发动机转速,扣2分;绘制两张空调性能图表,少一项或绘制错误,扣2分;结果判断错误,扣2分	15分	
9	更换空调滤清器	螺栓漏拆,扣5分;空调滤清器漏装或反装扣10分;未拧紧至规定扭矩,每项扣1分;拆装过程暴力操作,本项不得分	20分	
10	7S作业	工具场地设备7S作业	5分	
总分			100分	

附录 汽车维护作业个性化工单

汽车维护作业个性化工单见附表1。

汽车维护作业个性化工单 附表1

序号	作业类型＋作业对象＋作业内容	模拟故障点
举升位置1(举升机在最低位置)		
1	作业准备——安全防护 安放车轮挡块	
2	检查作业——车身 记录车辆识别码	
3	作业准备——安全防护 安装座椅套、转向盘套和地板垫	
4	作业准备——安全防护 安装翼子板布和前格栅布	
5	检查作业——润滑系统 检查发动机机油液位	
6	检查作业——制动系统 检查制动液液位	
7	检查作业——发动机冷却系统 检查发动机冷却液液位	冷却液过多
8	检查作业——发动机 检查发动机传动皮带安装情况、有无损伤等	
9	检测作业——电源系统 测量并记录电源系统电压(静态)	蓄电池压板螺母松动
10	检查作业——仪表板 先打开点火开关,再起动发动机,分别检查MIL、AIR-BAG、ABS故障指示灯和充电、机油压力报警灯的工作情况	ABS故障指示灯常亮

续上表

序号	作业类型＋作业对象＋作业内容	模拟故障点
	举升位置1(举升机在最低位置)	
11	检查作业——电源系统 进行充电系统测试,并记录蓄电池充电电压	
12	检查作业——制动系统 检查驻车制动指示灯的工作情况,检查完毕后释放驻车制动	
13	拆装作业——润滑系统 拆下机油加注口盖	
	举升位置2(升起举升机至头顶高度)	
14	检查作业——润滑系统 检查发动机各部有无漏油	
15	检查作业——自动变速器 检查自动变速器及其冷却系统的安装情况及有无泄漏	变速器漏油
16	拆装作业——润滑系统 拆下发动机放油螺栓,排放发动机机油	
17	检查作业——排气系统 检查三元催化转换器、排气管、消声器的安装、损伤情况及有无漏气	前排气管吊挂螺栓松动
18	检查作业——燃油系统 检查燃油管路和燃油蒸发管路的安装、连接、损伤情况及有无漏油	后部燃油管脱出卡槽
19	检查作业——制动系统 检查制动管路的安装、连接、损伤情况及有无漏油,制动软管有无老化	右前制动软管脱离卡槽
20	拆装作业——润滑系统 记录发动机机油型号和级别,安装发动机放油螺栓	
21	拆装作业——润滑系统 更换新的机油滤清器	

续上表

序号	作业类型＋作业对象＋作业内容	模拟故障点
举升位置3(落下举升机至胸口高度)		
22	拆装作业——车轮 拆卸左前车轮	
23	拆装作业——制动系统 拆卸左前轮制动摩擦片	
24	检查作业——制动系统 检查左前轮制动摩擦片及制动盘有无裂纹、沟槽或损坏	
25	检测作业——制动系统 测量并记录左前轮制动摩擦片厚度	
26	检测作业——制动系统 测量并记录左前轮制动盘厚度及跳动量	
27	拆装作业——制动系统 安装左前轮制动摩擦片	
28	更换作业——制动系统 排放左前轮制动液100mL	
29	拆装作业——制动系统 安装左前车轮,并预紧固左前车轮	
30	检查作业——制动系统 检查左前车轮转动是否灵活	
举升位置4(落下举升机至最低位置)		
31	作业准备——安全防护 拉起驻车制动开关	
32	作业准备——安全防护 安放车轮挡块	
33	紧固作业——车轮 紧固左前车轮螺母,力矩为140N·m	
34	检查作业——制动系统 检查制动液液位,必要时调整	
35	更换作业——润滑系统 加注新的发动机机油,并记录换油信息	
36	更换作业——点火系统 拆下并更换火花塞	

续上表

序号	作业类型＋作业对象＋作业内容	模拟故障点
	举升位置4(落下举升机至最低位置)	
37	更换作业——进气系统 拆下空气滤清器盖,更换空气滤清器滤芯	
38	更换作业——空调系统 拆下手套箱,更换空调滤芯	
39	检查作业——转向系统 检查转向轴的伸缩、转向柱的倾斜及其锁止情况	
40	检查作业——制动系统 在起动发动机的同时检查制动助力器的助力功能	真空助力泵电机不工作
41	检查作业——润滑系统 起动发动机后及时观察机油滤清器有无泄漏	
42	检查作业——玻璃升降器 检查主控制开关的玻璃升降控制功能	
43	检查作业——车外后视镜 检查左、右后视镜的调整功能	
44	检查作业——风窗玻璃洗涤器 检查前风窗玻璃洗涤器的喷射力和喷射位置	
45	检查作业——刮水器 检查前风窗玻璃刮水器的刮拭情况	右刮水器刮拭不干净 水迹
46	检查作业——喇叭 检查喇叭按钮及喇叭的工作情况	喇叭单音
47	检查作业——电动座椅、收音机 检查电动座椅的调整功能	
48	检查作业——收音机 检查收音机功能	
49	检查作业——灯光 检查日间行车灯、示廓灯、近光灯、远光灯、闪光灯、左右 转向灯、危险报警闪光灯、制动灯、顶灯的工作情况	
50	检查作业——灯光 熄火检查倒车灯、牌照灯、制动灯的工作情况	左牌照灯不亮
51	检查作业——车门 检查左前车门门锁和微开开关的工作情况	

续上表

序号	作业类型+作业对象+作业内容	模拟故障点
举升位置4(落下举升机至最低位置)		
52	检查作业——车门 检查左后车门门锁(含儿童锁)和微开开关的工作情况	
53	检查作业——行李舱盖 检查行李舱盖锁和微开开关的工作情况	
54	检查作业——燃油系统 检查油箱盖密封圈	
55	检查作业——润滑系统 重新检查发动机机油液位(必要时调整),记录机油加注量	
56	检测作业——空调系统 检查高低压接口是否存在制冷剂泄漏	
57	整理作业——安全防护 拆卸翼子板布和前格栅布	
58	整理作业——安全防护 拆卸座椅套、地板垫、转向盘套	
59	整理作业——工量具、设备、场地 清洁整理工量具、设备、场地	

参考文献

[1] 中国汽车维修行业协会.发动机与底盘检修技术[模块 D 下册][M].北京:人民交通出版社,2008.

[2] 陆松波.汽车定期维护[M].北京:人民交通出版社股份有限公司,2016.

[3] 肖福文,庞志康.汽车定期维护(一)[M].北京:高等教育出版社,2017.

[4] 蒋红枫,邢亚林.汽车维护理实一体化教材[M].北京:人民交通出版社,2011.

[5] 符小泽,吴敏,郑孟.汽车整车维护与检修[M].北京:科学技术文献出版社,2015.

[6] 吴书龙,盛姣,梁嘉明.整车维护与四轮定位调整[M].上海:同济大学出版社,2017.

[7] 吴晓斌.汽车定期维护(二)[M].北京:中国财富出版社,2016.

[8] 林志伟,冯明杰,王海.汽车空调系统维修工作页[M].北京:人民交通出版社股份有限公司,2020.

[9] 包丕利.新能源汽车维护与保养[M].北京:机械工业出版社,2018.

[10] 张珠让,尤元婷.电动汽车维护保养:配实训工单[M].北京:机械工业出版社,2018.